십일조의 비밀을 안 최고의 부자
록펠러

지은이 이대웅

4대째 크리스천 가정에서 태어나 장로 아버지와 권사 어머니를 두고 있으며, 진주에서 태어나 부산에서 줄곧 자랐다. 어린 시절부터 어머니와 함께 매일 밤 한자 성경을 한 절씩 번갈아 소리 내 읽으면서 신앙을 배웠고, 말씀을 따라 가정에 충실하고 성실했던 아버지 덕분에 평탄한 학창 시절을 보냈다. 부산대 법대를 졸업하고 문서선교 사역을 꿈꾸던 중 기독 언론사 크리스천투데이에 입사해 6년째 복음의 기쁜 소식을 전파하며 하나님 나라를 꿈꾸고 있다.

십일조의 비밀을 안 최고의 부자 록펠러

개정판 1쇄 인쇄 2021년 11월 29일
개정판 2쇄 발행 2023년 2월 1일

펴낸이 박종태
펴낸곳 비전북
등록번호 제2022-000002호
주소 경기도파주시월룡산로 64
전화 031-907-3927
팩스 031-905-3927
이메일 visionbooks@hanmail.net
페이스북 @visionbooks
인스타그램 vision_books_

마케팅 강한덕 박상진 박다혜
관리 정문구 정광석 김경진 박현석 김신근 강지선
경영지원 이나리 김태영
인쇄·제본 예림인쇄·예림바인딩
공급처 ㈜비전북
전화 031-907-3927
팩스 031-905-3927
ⓒ 비전북
ISBN 979-11-86387-44-3 03230

· 비전북은 몽당연필, 바이블하우스, 비전CNF와 함께합니다.
· 잘못된 책은 구입하신 서점에서 바꾸어 드립니다.
· 책값은 뒤표지에 있습니다.

십일조의 비밀을 안 최고의 부자

록펠러

이대웅 지음

비전북

CONTENTS

들어가며 · 8

Chapter 01 십일조 2센트

록펠러의 가족 · 17

조부모 / 난봉꾼 아버지 / 아버지의 가르침

될 성부른 떡잎 · 26

소년 사업가 / 학교생활 / 클리블랜드로

어머니의 신앙 · 36

어머니의 회초리 / 어머니의 가르침 / 어린 시절 록펠러의 신앙

두 개의 주머니 · 44

십일조 2센트 / 세 가지 약속 / 어머니의 가르침

Chapter 02 달란트의 발견

직장을 구하다 · 51

실업자 록펠러 / 1855년 9월 26일 / 신입 사원

성실과 정직 · 58

첫 월급을 받다 / 장부 A / 꿈이 커지다

사업의 시작 · 64

독립하다 / 동업과 확장 / 남북 전쟁

자선 활동과 신앙 · 74

2000달러의 빚 / 사업도 '신의 은총' / 나는 '청지기'다

결혼과 가정 · 82

여성 해방론자 / 평생의 반려자 / '존 주니어'의 탄생
 / 신앙을 가르치다

Chapter 03 석유왕 록펠러

본격적인 사업 · 95

겸손한 사업가 / 동업자 클라크 / 인생이 결정된 날

그럼에도 불구하고 · 106

탄광의 기도 / 기적과 은혜

'석유의 시대' · 113

계속된 투자 / 헨리 플래글러 / '독점'에 눈뜨다

스탠더드오일 · 121

또다시 위기 / 스탠더드오일, 태어나다 / 철도 회사와 손잡다
 / 부메랑 / 클리블랜드 대학살

최고의 기업으로 · 131

신앙의 기초석 / 피츠버그 플랜 / '완전 정복'을 향해

스탠더드 제국 · 138

'트러스트'의 시작 / '석유 왕국의 제왕' / 뉴욕 시대를 열다
/ 세계를 시장으로

록펠러만의 방법 · 146

철저하게 일하는 법 / 사람을 다루는 법 / 신앙을 지키는 법

Chapter 04 자선왕 록펠러

쏟아지는 비난 · 159

독점에 대한 반발 / 반(反)트러스트법 / 러들로 학살 사건

인생의 하프 타임 · 168

나빠진 건강 / '저도 좀 도와주세요!' / 시카고 대학 설립

자선도 사업처럼 · 176

자선 사업의 원칙 / 또 다른 부자, 카네기 / 동역자 게이츠

최고의 선물, 가족 · 184

로라의 자녀 교육 / 뉴욕 생활과 자녀들 / 2세, 대학에 입학하다

록펠러의 다섯 가지 습관 · 193

타고난 성실함 / 검소하고 나누는 생활 / 신뢰로 권한을 위임하다
/ 앞을 내다보는 판단력 / 청교도적 신앙

Chapter 05 십일조의 비밀

  십일조와 록펠러 · 205

  성경의 십일조 / 록펠러의 십일조

  교육 발전과 의학 연구 · 215

  부는 부를 낳고 / 록펠러 의학 연구소 / 일반 교육 위원회

  자선의 트러스트 · 225

  눈덩이처럼 불어나는 재산 / 록펠러 재단 설립 / 전 세계의 질병을 치료하다 / 아내의 죽음과 기념 재단 / 끝없는 절약과 도전

  사라지지 않는 이름 · 236

  은퇴와 골프 / 미국인의 동반자 / 록펠러 센터 건립 / 큰 별이 지다 / 록펠러의 후손들

록펠러 연보 • 251

들어가며

두 얼굴의 록펠러

"저는 저의 돈 버는 능력이 하나님께서 제게 주신 선물이라고 생각합니다."

존 D. 록펠러John Davison Rockefeller는 50대의 나이에 글자 그대로 '세계 최고의 부자'가 되었다. 그는 이러한 성취를 이룬 후 그 비결을 묻는 기자의 질문에 위와 같이 답할 정도로 사업에 '달란트'가 충분했고, 실제로 시대를 내다보는 혜안이 있었던지 손대는 사업마다 성공을 거두었다.

그는 최근 『포브스 Forbes』 선정 '인류에서 가장 부유한 75인'에서 '강철왕' 앤드루 카네기와 마이크로소프트의 빌 게이츠 회장을 제치고 당당히 1위를 차지했다. 록펠러의 당시 자산은 현재 가치로 무려 약 318조 원에 달한다. 록펠러는 33세 때 백만장자가 되었고, 43세 때는 미국 최고의 부자가 되었으며, 53세 때는 재산이 10억 달러를 넘어서면서 마침내 세계 최고의 부자가 되었다.

하지만 그런 부富와 명예도 록펠러에게 건강까지 가져다주지는 못했다. '세계 최고의 부자'가 된 지 얼마 되지도 않은 50대 초반, 그는 소화 장애가 심해져 주치의의 권고에 따라 조심스레 빵과 우유만 먹는 생활을 해야 했다. 거기다 탈모증도 급속히 악화돼 머리카락에 눈썹까지 빠져, 왕성한 활동을 하던 중년의 사업가에서 볼품없는 노인으로 변해 가고 있었다.

그럼에도 그는 쉬어야 한다는 의사의 처방을 무시한 채 자신이 가장 사랑했던 일에만 몰두했다. 결국 록펠러는 55세 되던 해에 종합 검진을 받게 되었다. 그 결과 그는 불치병에 걸려 1년 시한부 인생을 선고받기에 이르렀다.

그는 절망스러웠지만, 평소 조용한 성품의 그를 좋아하지 않던 언론은 그때부터 바삐 움직이기 시작했다. 그의 죽음을 아쉬워하기는커녕, 그의 셀 수 없는 재산이 모두 어떻게 될 것인지, 누구에게 돌아갈 것인지 등을 추측하는 기사를 연일 쏟아 냈다. 심지어는 그의 사망 기사를 미리 준비하고 있다는 소식까지 직접 들어야 했다.

그렇게 된 이유는 그가 세운 석유 회사 '스탠더드오일Standard Oil'이 독점獨占으로 인해 많은 비난을 받고 있었기 때문이다. 그의 사업 방식은 무모할 정도로 저돌적이었다. 그래서 노동자들은 자신들을 무시하는 회사 측에 불만이 가득했다. 그리고 경쟁사들과 선의의 경쟁을 펼치기보다는 모조리 사들여 거대한 '석유 제국'을 만들어 버리는 그의 '트러스트' 또한 다른 사업가들이나 정부, 의회 등으로부터 격렬한 반발을 불러일으키고 있었다.

당시 휠체어에 의지한 채 마지막 종합 검진을 받으러 찾았던 병원에서, 록펠러는 우연히 로비에 걸린 액자 속 글귀를 읽게 되었다.

"주는 것이 받는 것보다 복이 있다 It is more blessed to give than to receive."

순간 그는 감전된 듯한 전율을 느꼈다. 몇 가닥 눈썹 아래로 보이는 그의 눈에서는 뜨거운 눈물이 고였고, 성령의 기운이 자신을 감싸고 있음을 느꼈다. 예수님께서 말씀하셨다고 바울 사도가 말한 사도행전 20장 35절의 이 짧은 말씀은 그의 삶을 완전히 바꿔 놓았다. 얼마나 더 남아 있을지 모르는 삶이었지만, 주변 사람들에게 눈을 돌리기로 한 것이다.

그러자 록펠러에게는 또 하나의 축복이 찾아왔다. "오래 살기 위해서가 아닙니다. 지금까지 벌어들인 돈을 세상을 위해 보람 있게 쓰고 싶습니다." 이 같은 그의 간절한 기도에 하나님께서 응답하신 것이다. 하나님께서는 불치병 진단을 받은 그를 서서히 회복시켜 주셨고, '오래 살기 위해서' 한 기도가 아니었음에도 이후 43년을 더 허락받아, 98세까지 삶을 누렸다.

성경 말씀에 감동을 받아 뜨거운 눈물을 흘리고 있을 때 주변에서 시끄러운 소리가 들렸다. 자세히 들어 보니 입원비를 가지고 병원 직원과 환자인 소녀 환자의 어머니가 실랑이를 벌이는 소리였다. 직원은 병원비를 먼저 내야 입원이 가능하다고 통보했지만, 아픈 아이를 두고 볼 수만은 없는 환자의 어머니는 제발 입원부터 시켜 달라며 사정하고 있었다. 이를 목격한 록펠러는 비서를 시켜 병원비를 대신 지불하면서, 이 사실을 아무에게도 알리지 말라고 신신당부했다. '오른손이 하는 일을 왼손이 모르게' 도와준 소녀는 얼마 후 회복되었고, 그는 그 모습을 지켜보며 흐뭇해했다. 그 순간은 "나는 살면서 이처럼 행복한 삶이 있는지 몰랐다"고 자서전에 술회할 정도로 그에게 짜릿한 기억으로 남았다. 그리고 그런 행복한 삶은 이후 43년간 계속됐다.

록펠러는 그날 이후부터 돈 버는 일 못지않게 올바로 쓰는 일에 집중하기 시작했다. 그는 이전에도 자선과 기부에 앞장서 왔지만, 그것은 진정으로 다른 사람을 기쁘게 해 주기 위한 자선이라기보다 차라리 '자기만족'에 가까웠다고 할 수 있었다. 하지만 본격적인 '자선가'로 변신한 그는 전국의 교회를 돕기 시작했고, 수천 곳에 새로이 교회를 세웠다. 또 가난한 사람들의 '내일'을 위해 시카고 대학을 세우는 등 교육과 장학 사업에 힘썼다. 그리고 지금으로부터 약 100년 전인 1913년 전 세계 인류 복지 향상을 위해 '록펠러 재단'을 설립하여 의료와 구호 등에도 투자했다.

록펠러는 미소를 되찾았다. 그는 만년에 "내 인생의 55년은 항상 쫓기듯 살았지만, 나머지 43년은 정말 행복한 시간이었다"고 고백했다. 그는 이후 돈 버는 능력을 허락하신 하나님을 더욱 깊이 생각하며 베푸는 삶을 살았다.

여기까지만 보면 마치 「크리스마스 캐럴」에 나오는 지독한 구두쇠 영감 스크루지가 새사람이 된 것 같은 분위기이지만, 이전의 록펠러도 그 정도로 '나쁜' 인물은 아니었다. 청교도들이 세운 나라 미국에서 1839년 '모태 신앙'으로 태어난 그는 어려서부터 어머니로부터 철저한 신앙 교육을 받으며 자랐고, 어린 나이에 사업을 시작해 급속도로 번창하는 가운데서도 자신의 신앙에 따라 절제와 검약의 생활을 유지해 온 인물이었다. 주일이면 언제나 교회에서 예배드리며 봉사하기를 즐겼고, 하나님과 목회자들에게 순종하기를 그 누구보다 힘썼다.

무엇보다 그는 '십일조'의 사람이었다. 어머니는 그가 여섯 살 때부터 수입이 생기면 10분의 1을 따로 챙겼다가 주일 예배 때 하나님께 드리도록 훈련시켰다. 이러한 훈련을 통해 그는 자신이 가진 것들 모두가 하나님의 것임을 자연스럽게 체득했고, 십일조를 낼 때마다 자신의 신앙이 자라는 것을 느꼈다. 이 습관은 억만장자가 된 후에도 이어졌고, 철저한 회계로 수입의 온전한 십일조를 하나님께 드리기 위해 노력했다. 세계 최고의 부자가 되자 혼자서는 회계가 어려워져 십일조 전담 부서를 따로 두고 40명을 고용할 정도로 그는 '하나님의 것은 하나님에게' 드렸다. '악독한 기업가'로 동시대 언론으로부터 비난받았던 그였지만, 이처럼 철저한 십일조 신앙 하나만으로도 그의 일생은 기독교인들로부터 평가받기에 충분하다.

하나님이 주신 달란트를 평생 마음껏 발휘해 돈을 벌었고, 힘겹게 모은 돈을 허투루 사용하거나 자신의 욕망을 위해 사용한 게 아니라 가장 가치 있는 곳에 썼던 록펠러. 그의 정신은 100년이 지난 지금에도 면면히 이어져 수많은 기업가들에게 감동을 선사하고 있다.

특히 한국 사회에서는 최근 들어서야 '기업의 사회적 책임'과 '따뜻한 시장 경제'가 화두로 떠올랐지만, 록펠러는 이미 100년 전에 이를 명확히 인식하고 실천함으로써 수많은 사람들에게 도움을 주고 그들이 다시 일어서는 데 보탬이 되었다. 이제 너무나도 다른 두 얼굴을 가진, 박진감 넘치는 그의 일생으로 함께 들어가 보자.

Chapter
01

십일조 2센트

01

십일조 2세트

록펠러의 가족

한 사람의 인격과 재능, 관심사 등은 가족을 비롯한 많은 주변인들과의 관계 속에서 형성되는 결과물이다. 물론 신앙도 그러하다. 록펠러에게 영향을 끼친 가문의 주요 인물들을 살펴보면 그의 공존할 수 없을 듯한 두 모습, 지독한 사업가적 기질과 신실한 신앙인의 면모가 어디서 비롯됐는지 어느 정도 파악할 수 있으리라 생각한다.

조부모

록펠러 가문은 유럽의 개신교 박해를 피해 독일에서 대서양을 가로질러 필라델피아로 건너왔다고 알려져 있다. 록펠러의 할아버지 고드프리 록펠러는 왜소하고 허약해 보이는 외모였지만, 유쾌하고 심성이 착했다. 하지만 할머니 루시 가문은 영국의 '용맹왕' 에드먼드 2세의 후예로서 대대로 많은 인재를 배출한 상류층 명문가였다. 그래서 루시의 집안에서는 결혼을 반대했다고 한다. 침례교도 루시는 교사 출신이었고, 남편 고드프리보다 키도 크고 부지런했으며 용감했다. 두 사람은 1806년 매사추세츠 주 그레이트 배링턴에서 결혼했다.

고드프리는 농부로서 작은 성공을 거두기도 했지만, 가족을 데리고 여기저기 떠도는 불안정한 생활을 이어 가는 등 형편이 좋지 않았다. 무엇보다 고드프리는 알코올 중독자였다. 록펠러는 이러한 할아버지를 보면서, 온화함이 방종으로도 변질될 수 있음을 발견했다. 이로 인해 그는 감정 통제가 완벽하고 말이 많지 않은 부류를 좋아했으며, 자신이 그렇게 되려고 애썼다.

미국 동부에 살던 고드프리는 서부의 미시간 주 미개척지로 이주하고 싶어 했지만, 뉴욕 북부 뉴잉글랜드의 문화를 좋아했던 아내 루시가 완강히 반대했다. 대신, 뉴욕 주와 남부의 중간에 위치한 리치퍼드 외곽으로 간다면 서부로 가도 좋다고 동의했다.

할아버지와 할머니가 이주했던 이곳은, 바로 록펠러가 태어나 어린 시절 생활한 터전이 됐다. 이곳에는 이미 가까운 친척 몇몇이 살고 있었다. 록펠러는 나중에 자신의 별장을 아래로는 시내가 흐르고 숲이 아름다운 이곳 리치퍼드의 경관처럼 조성하고 싶어 했다.

할머니 루시는 가족들의 고생이 남편 고드프리의 알코올 중독 때문이라 여겨, 술이라면 치를 떨었다. 그녀는 이 같은 경험 때문에 손자 존 록펠러에게 기회 있을 때마다 술의 해악을 일러 주는 데 힘썼다. 록펠러도 할머니의 가르침을 새겨들으며 자랐다. 루시는 집안일과 농사일 모두에 뛰어났고, 힘든 일을 결코 마다하지 않았다. 할아버지의 도움 없이 소 두 마리를 이용해 돌담을 쌓았다는 일화가 전해질 정도다. 이러한 재능은 손자 록펠러에게까지 이어졌다.

할머니와 관련된 일화는 또 있다. 어느 날 밤 컴컴한 헛간에서 곡식을 훔치려던 도둑을 붙잡았는데, 당시 헛간이 너무 어두워 도둑의 얼굴을 분간할 수 없을 정도였지만 루시는 침착하게 도둑의 옷소매를 잡아 찢어 냈다. 그리고 나중에 찢은 소맷자락으로 도둑을 알아본 후 천 조각을 보여 주며 경고했다. 록펠러는 만년에 할머니의 이 이야기를 사람들에게 유쾌하게 들려주기도 했다.

루시는 또 뒤뜰에 있는 약초 덤불에서 추출한 약초 치료법과 민간요법에 관심이 많았는데, 훗날 손자 록펠러는 이 약초 표본을 연구소로 보내 실제 치료 효과가 있는지 조사하도록 지시한 적도 있었다. 록펠러가 후에 세계적인 의약 연구소를 설립한 것도 할머니로부터 물려받은 호기심 때문이었다고 추측하는 사람들이 많다.

난봉꾼 아버지

윌리엄 에이버리 록펠러William Avery Rockefeller는 고드프리와 루시의 열 자녀 중 셋째로 태어났다. 록펠러의 아버지 윌리엄은 자유분방했고, 거짓말도 서슴지 않는 등 동네에서 유명한 괴짜였다. 그는 이웃들로부터 '빅 빌Big Bill'로 불렸다. 동네 한량으로 분류되는 이들이 대부분 그러하듯 그의 이 같은 별명은 말쑥한 외모를 갖춘 데다 '옷 잘 입는 남자'로 정평이 났기 때문이었다.

푸른 눈동자에 생기 있는 미소, 건장한 체격에 180센티미터의 키를 자랑하던 빅 빌은 유머 감각도 뛰어나고 재빠른 행동을 보이는 등 묘한 매력으로 사람들을 사로잡는 재주가 있었다. 때문에 난봉꾼 같은 면모도 갖추었는데, 그는 힘든 일은 하지 않고 편하게 '제멋대로' 살기 위해 다른 사람들을 밥 먹듯 속였다고 한다.

심지어 '나는 귀머거리에 벙어리입니다'라고 쓴 작은 석판을 매달고 다니며 행상으로 활동했다. 벙어리 행세를 하면서 마을의 모든 비밀을 캐냈다고 큰소리를 치기도 했다. 그의 주업은 농사였지만 소금과 목재, 모피, 말 등의 물건들과 당시에는 규제가 없었던 의약품까지 값싸고 진귀한 물건들을 팔러 전국을 돌아다녔다. '저명한 암 전문의'라고 자신을 소개한 허위 광고 전단지까지 돌릴 정도였다. 단, 알코올 중독자였던 아버지 때문인지 술은 좋아하지 않았다.

하지만 속임수도 자주 쓰면 들키는 법. 결국 윌리엄은 갈수록 먼 곳을 돌면서 물건을 팔아야 했고, 그러다 리치퍼드에서 북쪽으로 50킬로미터 정도 떨어진 부유한 농장주 존 데이비슨 씨의 집까지 흘러 들어가게 됐다. 스코틀랜드계 아일랜드인이자 검소했던 침례교인 데이비슨에겐 아끼는 막내딸이 있었는데, 그녀의 이름은 엘리자였다. 엘리자는 붉은 머리에 푸른색 눈을 가진 순박한 시골 처녀로, 깊은 신앙심에 자제력까지 갖춘 여성이었다.

엘리자는 빅 빌의 뒤에 숨어 있는 난봉꾼적 면모는 알지 못한 채 그와 교제를 나눴다. 그래서 스물세 살이었지만 당시 기준으로는 노처녀였던 그녀는 농담처럼 이렇게 말했다. "귀머거리와 벙어리가 아니라면, 저 사람과 결혼할 텐데." 어느 정도 마음에 있었기 때문일 것이다.

엘리자의 미모에 반한 윌리엄은 이 말을 동네방네 떠들고 다녔고, 이 소문은 아버지 데이비슨의 귀에까지 들어가게

됐다. 문제는 빅 빌이 귀머거리와 벙어리가 아니었다는 데 있었다. 신실한 침례교인 데이비슨은 빅 빌의 이러한 이상하고 거짓된 행동들 때문에 딸을 격렬히 말렸지만, 엘리자는 자신이 한 약속을 지키겠다며 아버지의 허락도 받지 않은 채 결혼을 강행하겠다는 뜻을 드러냈다.

결국 1837년 2월 18일, 스물일곱 살의 자유분방한 신랑과 스물네 살의 엄격한 침례교인 신부는 엘리자의 친구 집에서 결혼식을 올렸다. 그러자 마을에 사는 이웃들이 수군대기 시작했다. 빅 빌이 데이비슨의 재산 때문에 계획적으로 접근했으리라는 소문이었다. 결정적인 증거도 발견됐다. 윌리엄에게 '다른 여인'이 있었던 것이다.

빅 빌은 결혼 후에도 옛 애인 낸시 브라운과의 관계를 끊지 않았다. 그는 충격적이게도 낸시 브라운을 '가정부' 명목으로 집에 데려왔다. 엘리자는 결혼 이듬해인 1838년 딸을 낳았는데, 시어머니 이름을 따서 루시라고 이름 붙였다. 그리고 몇 달 후 낸시 브라운도 아이를 낳았다. 그 가정부는 더 이상 이들과 함께할 수 없었지만 그전까지 엘리자는 낸시에게 모질게 굴지는 않았다.

아버지의 가르침

루시가 태어난 지 17개월 뒤, 또 한 명의 아기가 이들 사이에 태어났다. 1839년 7월 8일 밤이었다. 이들 부부의 둘째 아이는 외할아버지 존 데이비슨의 이름을 그대로 따랐다. 이 아이가 바로 후일 '세계 최고의 부자'가 되는 존 데이비슨 록펠러John Davison Rockefeller다.

록펠러가 태어난 뒤에도 아버지 빅 빌은 총각 시절의 버릇을 고치지 못하고, 오랫동안 집을 비우는 일이 많았다. 그는 한동안 소식이 끊어졌다가 집으로 돌아오면서 옷이나 말, 아이들에게 줄 동전 따위를 잔뜩 가져올 때도 있었지만, 빈손일 때가 더 많았다. 그래서 록펠러는 몹시 궁핍한 어린 시절을 보내야 했는데, 이웃들이 "그렇게 불쌍하고 가엾은 아이들은 처음 보았다"고 할 정도였다. 하지만 이는 결국 그가 일찍 사업에 눈뜨는 계기가 되기도 했다.

존 록펠러의 어린 시절은 '골드 러시Gold Rush'가 한창일 때라, 사회 전반적으로 개척 정신이 가득했다. 존의 아버지도 마찬가지여서, 아이들에 대한 그의 가르침은 상당히 현실적이었다. 자신을 닮으라는 뜻인지는 모르겠지만, 그는 이렇게 말한 적도 있다.

"난 기회 있을 때마다 내 아들들도 곧잘 속여. 우리 아이들이 좀 더 영악해졌으면 좋겠거든."

 록펠러가 갓 돌이 지나 걸음마를 배울 때였다. 아버지 빌은 존에게, 자신이 받아 줄 테니 의자에서 뛰어내려 보라고 이야기했다. 존은 자신을 향해 팔을 벌리고 있는 아버지의 모습을 보고 당연히 자신을 잡아 주리라 확신하고 뛰어내렸지만, 빌은 갑자기 손을 빼 버렸다. 존은 바닥에 그대로 나뒹굴며 엉엉 울었다. 그러자 빌은 아들을 일으켜 세우며 이렇게 말했다.

 "어느 누구도 믿어선 안 된다는 걸 명심해라. 아버지인 나도 무조건 믿어서는 안 된단다. 알겠지?"

 빌은 이처럼 어떤 방법을 써서라도 상대를 이겨야 한다는 가르침을 아들에게 심어 줌으로써 후일 록펠러가 이 같은 '편법 거래'로 악명을 떨치는 데 한몫했다.

 아버지 빌은 존이 좀 더 자랐을 때는, 시장이나 신흥 도시 시러큐스로 함께 다니면서 '산 교육'을 시키곤 했다. 그는 시장에서 아들에게 반짝이는 가죽 신발을 사 주며 새로운 세계에 눈을 뜨게 했고, 허둥지둥 장터에서 몰려가는 군중들에게 신경을 쏟지 말라고 거듭 이야기했다.

 "되도록 사람들이 몰려 있는 곳에는 가지 말고, 오직 자기 일에만 집중해야 해."

 뿐만 아니라 빌은 자녀들에게 승마와 사격, 수영도 가르쳐 주었고, 호숫가로 데리고 나가 물고기를 함께 잡으면서 즐거운 한때를 보내기도 했다. 그리고 자신처럼 술과 담배를 하지 말아야 한다고 가르쳤다. 둘째, 셋째 동생과 달리, 록펠러는 이 말을 가슴에 새기고 평생 실천했다.

앞에서 본 것처럼 록펠러의 조부모와 부모는 비슷한 그림을 그려 가며 일생을 살았다. 할아버지 고드프리도, 아버지 윌리엄도 자신들의 아내에 비해 능력과 절제력이 부족했고, 가문도 썩 좋지 않았다. 이들의 신앙적인 일화가 거의 전해지지 않는 것으로 보아, 독실한 신앙인도 아니었던 것 같다.

반면 할머니 루시와 어머니 엘리자는 둘 다 이름 있는 가문에 침례교인으로서 열심히 신앙생활을 했던 인물이었다. 남편들보다 용감했고 능력이 뛰어났다. 록펠러는 아마도 할아버지와 아버지로부터는 목표를 위해서라면 앞뒤 가리지 않고 뛰어드는 사업가적 기질을, 할머니와 어머니로부터는 일생 동안 철저하게 십일조를 드리는 독실한 신앙인의 기질을 각각 물려받았으리라. 버트런드 러셀은 이렇게 말했다.

"그가 말하고 생각하고 느끼는 것들은 모두 어머니로부터 물려받은 것이다. 하지만 그가 한 일들은 불우한 시절 체득한 극도의 조심성과 함께 아버지로부터 물려받은 것이다."

될 성부른 떡잎

록펠러의 '장사꾼 기질'은 어린 시절부터 조금씩 나타났다. 어린 나이에 그는 자주 가정을 비우는 아버지를 대신해 가장 노릇을 하면서 또래보다 성숙하고 책임감 강한 모습을 보였다.

소년 사업가

존 록펠러는 어느 날, 농장 주변 덤불에서 칠면조 암컷을 발견했다. 칠면조는 개울을 건너 숲 속 보금자리로 돌아가던 중이었다. 호기심이 생긴 그는 조용히 칠면조를 따라갔다. 하지만 눈치 빠른 칠면조는 '동물적인 감각으로' 눈 깜짝할 사이에 무성한 덤불 속으로 사라지고 말았다.

존은 다음 날 같은 시각에 다시 칠면조를 발견했던 자리로 갔다. 칠면조는 또다시 나타났지만, 그가 따라잡기에는 너무 빨랐다. 그래도 존은 몇 날 며칠을 포기하지 않고 호시탐탐 기회를 노렸다. 그리고 마침내 칠면조 둥지를 찾아 자신의 집으로 알과 함께 칠면조를 가져왔다.

이를 본 어머니 엘리자는 어린 록펠러에게 말했다.

"이 칠면조를 키워서 시장에 나가 팔아 보는 건 어떠니?"

존은 어머니의 말대로 했다. 이때 그의 나이 겨우 일곱 살이었다.

칠면조는 록펠러 집의 헛간에 자리를 잡고 알을 낳기 시작했고, 그는 칠면조와 새끼를 정성스레 돌보았다. 어머니는 새끼들에게 먹일 우유 덩어리를 주었고, 존은 남은 빵 조각이나 메뚜기 같은 곤충들을 잡아다 먹였다.

새끼들이 자라자 존은 이를 시장에 내다 팔았다. 다음 해에는 더 많은 칠면조를 키우고 팔아 돈을 벌 수 있었다. 존 록펠러의 첫 사업은 꽤 성공적이어서, 3년 동안 칠면조를 길러 모은 돈이 50달러나 되었다.

여기서 멈추지 않고 그는 아는 사람에게 이 돈을 빌려 주고 6개월 뒤 3달러 50센트의 이자를 챙겼다. 그에게 3달러 50센트는 결코 작은 돈이 아니었다. 열흘 동안 하루 열 시간씩 감자를 캐야 얻을 수 있는 돈이었다. 이 일로 많은 깨달음을 얻은 그는 어머니의 가르침에 따라 벽난로 선반에 놓인 파란 사기그릇에 자신이 벌어들인 동전들을 모았다.

이 '소년 사업가'는 상한 콩을 무더기로 싸게 산 뒤, 거기에 조금씩 섞여 있는 싱싱한 콩을 챙겨 더 비싸게 팔아 돈을 벌기도 했다.

아버지 빅 빌도 록펠러의 '사업 본능'을 일깨워 주었다. 그는 록펠러가 일곱 살 때, 장작을 사 오라고 시키는 등 벌써부터 사업 훈련을 시켰다. 아버지는 그를 보내면서, 속이 단단하고 곧은 장작만 고르고, 삭정이나 썩은 나무는 들고 오지 말 것을 단단히 일렀다.

록펠러는 아버지의 잦은 장기 여행 때문에 외상을 자제하고 불확실한 재정 상태를 체크하는 등 '꼼꼼하게 셈하는 습관'을 기를 수 있었다.

빅 빌은 록펠러에게 좋은 영향도 끼쳤다. 그는 납기일을 반드시 지켜 빚을 갚았고, 계약서를 정성 들여 상세하게 작성했다. 록펠러는 아버지에 대해 "계약을 용의주도하게 체결하셨으며, 계약 내용을 명확히 이해하고 신중하게 문서화하셨다"면서 그 역시 평생 이 같은 가르침을 따르려고 애썼다고 했다. 또 빅 빌은 무엇보다 중시해야 할 것이 '신용'임을 늘 강조했다.

'돈 버는 재미'를 조금씩 알아 가던 그에게 다른 방법이 떠올랐다. 사탕을 파운드 단위로 사서 조금씩 나눈 다음, 동생들에게 상당한 이윤을 남기고 팔았던 것이다. 이러한 수완에 가족들도 놀라지 않을 수 없었다. 누나 루시는 훗날 록펠러에 대해 이렇게 말했다.

"존은 밥을 먹다가도 비가 내리면 빗물을 받으려고 접시를 뒤집어 놓곤 했지."

록펠러는 이런 어린 시절의 경험을 노년에 다음과 같이 회상했다.

"어렸을 때부터 나는 돈의 노예가 되어서는 안 되며, 돈을 내 노예로 만들어야 한다고 생각했습니다."

학교생활

록펠러 가족은 리치퍼드에서 북쪽으로 50킬로미터 떨어진 모라비아로 이사를 했다. 그곳은 시골 리치퍼드보다 좀 더 점잖은 '도시'에 속했다. 모라비아는 후일 연합 감리 교회와 통합되는 '연합 그리스도 형제단'이 있던 곳으로, 금주 운동과 노예제 반대 운동의 거점이었다.

이곳에서의 삶은 록펠러의 유년 시절 가운데 가장 부유하고, 가정적으로도 행복했다. 아버지 빅 빌은 숲이 울창한 이곳에서 벌목 사업으로 돈을 꽤 벌었고, 마을에 제대로 된 교육 기관이 없던 시절에 학교를 세우는 데 앞장서기도 했다.

존은 이곳에서 학교를 다녔는데, 당시 친구들은 그를 '천천히 걸음을 걸으면서 구부정한 어깨에 생각에 잠겨 있던 아이'로 기억했다. 심각한 표정을 짓고 있었지만 움츠러드는 기색은 아니었고, 가끔 넋 나간 듯 허공을 바라보다가 이내 상대방을 뚫어져라 쳐다보기도 했다. 호기심 많았던 그는 학교에 갈 때마다 선생님에게 어려운 질문들을 많이 했고, 반드시 답을 확인해야 직성이 풀리는 아이였다.

무엇보다 의외인 것은, 이처럼 의젓했던 록펠러가 어린 시절 유머 감각이 뛰어난 것으로 유명했다는 사실이다. 넷째 동생 메리 앤은 오빠 록펠러에 대해 이렇게 말했다.

"오빠는 장난을 치면서 우리를 자주 즐겁게 해 주었어요. 더 재미있던 것은, 그런 장난을 치면서도 언제나 무표정하고 진지한 얼굴이었다는 거예요. 호호. 그게 더 웃긴 거 있죠."

그는 아주 심각한 얼굴로 동생 윌리엄을 놀린 적도 있고, 앤의 썰매를 도랑까지 질질 끌고 갔다 와 놓고 무표정하게 사과했다. 학교 야외 학습 시간에는 책을 들고 나무에 올라가 내려오지 않은 일도 있었다.

이 같은 모습은 아버지 빅 빌과 빼닮았다. 명랑하고 재미있는 것을 좋아했던 아버지는 가는 곳마다 사람들을 즐겁게 해 주었다.

존 록펠러는 또 친구들과의 관계에서, 어떤 놀이를 할지 자신이 결정할 수 있을 때에만 친구들과 함께 놀았다. 그는 숫자에 강해, 친구들과 놀면서 점수를 계산할 일이 있으면 아무리 오랜 시간이 걸려도 자신이 해내곤 했다. 특히 체스 같은 게임에 재능을 나타냈고, 참을성이 많아 친구들은 그와 게임을 할 때면 답답해했다. 이처럼 심사숙고하는 성격이었지만, 일단 생각이 정리되면 빠르게 결단을 내렸다.

그는 에디슨 같은 느리게 배워도 한번 시작하면 끝까지 해내는 '성실한' 학생이었다. 하지만 그가 다른 분야보다 수학에 재능이 있었던 점만은 확실했다. 나중에 사업가가 되었을 때 100만 달러짜리 파이프라인을 구입할 일이 있었는데, 판매업자와 30분간 대화를 나누면서도 3만 달러를 절약할 수 있는 지불 방법을 생각해 낼 정도였다.

그러나 자신이 평범한 집안의 아이라 생각했기 때문에, 힘든 육체노동도 마다하지 않았다. 이러한 모습은 한량이자 난봉꾼적 기질이 있던 아버지와 매우 다른 점이었다. 그래서 어머니가 시키는 밭일도 불평하지 않고 척척 해냈다. 록펠러는 이 같은 연단鍊鍛이 후일 자신의 사업을 하면서 역경을 견디는 데 큰 도움이 되었다고 회상했다. 어머니도 늘 집에 없는 아버지 대신 록펠러에게 많이 의지했고, 그 역시 아버지의 그림자에서 차츰 벗어났다. 어머니가 안 계실 때는 동생들도 돌보았다. 록펠러는 장작을 패고, 우물물을 긷고, 밭을 일구면서 자신이 할 수 있는 모든 일을 배웠다.

그러나 소년 록펠러는 지독한 가난에도 자족하고 감사하며 사는 학생은 아니었다. 학급 사진을 찍을 때, 사진사가 집에서 만든 남루한 옷을 입고 왔다며 사진을 찍지 못하게 한 적도 있었기 때문이다. 그때 그는 친구들에게 이렇게 말했다.

"나는 앞으로 10만 달러를 벌고 싶어. 반드시 벌 거야."

록펠러는 동창들 모습이 담긴 그 사진을 오래도록 소중하게 간직했다.

클리블랜드로

록펠러 가족은 또다시 집을 옮겨야 했다. 빅 빌 때문에 모라비아에서 오위고 지역으로 도망치듯 이사한 데 이어, 록펠러가 열네 살 되던 해 봄에는 오하이오 주 클리블랜드 서쪽 500킬로미터 떨어진 신흥 도시로 이사했다. 하지만 매번 이전보다 규모가 크고 화려한 곳으로 이사하고 있었다. 철도가 새로 놓이면서 활기를 띠던 이 도시에서 록펠러 가족은 이리 호(湖)와 쿠야호가 강이 내려다보이는 곳에 거처를 마련했다.

록펠러는 그곳에서 센트럴 고등학교에 들어갔다. 새로 문을 연 학교는 전국에서 가장 자유분방했고, 그곳에서 그는 천문학과 경제학, 측량 등을 배웠다. 그는 학교에서 매사 자신의 생각을 진지하고 명확하게 표현했는데, 특히 글쓰기와 말하기 실력이 우수했다. 하지만 단어를 잘 외우거나 독서에 심취하기보다는 가볍고 영감 있는 책을 더 좋아하는 학생이었다.

록펠러는 '자유'를 주제로 한 에세이에서 다음과 같이 적었다.

"인간이 같은 인간을 노예로 속박하는 것은 이 나라의 법과 주님의 법을 어기는 것이다."

"노예 제도를 신속히 폐지하지 않는다면, 끝내 이 나라를 망치고 말 것이다."

그는 센트럴 고등학교에서도 여전했던 심각한 표정 때문에 '집사님'이라는 별명으로 불렸다. 친구들은 '심각하게 웃는 아이'라며 그를 놀리곤 했다. 또 하나의 별명은 '슬플 때도 미소를'이었다. 학교에서 자신을 소개할 때 이렇게 말한 적이 있었기 때문이다. 하지만 친구들은 그를 간단히 '존 D.'라고 불렀다.

센트럴 고등학교에서도 록펠러는 수학에 특별한 흥미와 재능을 나타냈고, 음악에 심취해 하루 여섯 시간씩 피아노를 치다가 어머니 엘리자의 꾸중을 듣곤 했다.

그러던 어느 날, 록펠러가 찬 공이 페인트칠을 하고 있던 인부를 맞힌 사건이 벌어졌다. 마침 사다리에 있던 인부는 하마터면 떨어질 뻔했다며 록펠러를 크게 나무랐다. 그는 사과했지만, 인부의 화는 멈출 줄 몰랐다. 그러자 함께 놀던 친구가 보다 못해 그 인부를 부르더니 그만하라며 내쫓았다.

그 친구의 이름은 '마크 해나'였다. 해나의 집은 대단한 부자였고, 그 인부는 해나의 집안일을 거들던 사람이었다. 록펠러는 이 일로 해나와 친해졌는데, 훗날 해나는 상원 의원이 되어 록펠러의 사업을 많이 도와주었다.

이 둘과 삼총사였던 다윈 존스는 둘에 대해 이렇게 말했다.

"마크는 늘 활동적이고 모든 운동에 적극 참가하는 전형적 남성이에요. 그에 비해 록펠러는 유쾌하지만 과묵하고 신중합니다. 아무리 흥분되는 일이 있더라도 평정심을 잃지 않고, 씨익 미소만 지어요."

친구 중에는 로라 스펠먼이라는 여학생도 있었다. 함께 학교에 다니던 루시 스펠먼의 동생이자 록펠러보다 두 살 어린 로라는 굳은 턱에 둥근 눈썹, 빛나고 진한 갈색 눈과 빨간 머리카락을 갖고 있었다. 로라는 노래를 잘 불렀고, 피아노 연주도 뛰어났으며, 술은 입에도 대지 않았다. 오하이오 주 하원 의원을 지낸 하비 뷰엘 스펠먼의 딸이었던 로라는 록펠러가 좋아했던 경영 과목을 공부했는데, 당시 여성으로 경영을 배우는 학생은 많지 않았다.

독실한 기독교 집안이라는 공통점도 있어 로라와 록펠러는 친하게 지냈다. 로라의 집안은 주일에 요리를 하지 않을 정도였다. 그녀는 졸업식 때 "여성들도 남성처럼 자기 카누의 노를 저을 수 있어요"라고 외칠 정도로 용감했다.
 '세티'라는 애칭으로 통했던 로라 스펠먼은 나중에 다시 등장한다.

어머니의 신앙

위대한 인물 뒤에는 늘 '기도하는 어머니'가 있다. 사무엘에게는 어머니 한나의 처절한 기도가 있었고, 세례 요한에게도 어머니 엘리사벳이 있었다. 링컨도 어머니의 기도 덕분에 노예들을 해방시키고 남북 전쟁을 승리로 장식했다.

어머니의 회초리

아버지 빅 빌과 달리 어머니 엘리자는 신앙심 깊은 사람이었다. 그녀는 존 록펠러에게도 하나님의 말씀과 믿음을 가르치려 늘 애썼다. 부부 갈등 같은 어두운 부분들은 되도록 록펠러가 알지 못하게 했고, 남편이 없을 때도 혼자서 자녀들을 키우는 데 온 힘을 쏟았다. 엘리자는 60에이커 되는 농장을 혼자 관리하며 자녀들을 돌보았다.

엘리자는 자녀들을 혼내야 할 필요가 있을 때는 나무 회초리를 만들어 매로 다스렸다. 록펠러는 어머니의 말씀에 순종하고 실망시키지 않으려고 애썼다. 하지만 회초리가 너무 아파서 한번은 회초리에 미리 조그마한 칼집을 내어 아프지 않게 해 놓았다. 이후 어머니가 록펠러를 혼내려고 회초리를 들었는데, 록펠러의 등에 닿기도 전에 부러지고 말았다. 어머니가 말했다.

"록펠러, 다른 회초리를 가져오너라. 이번에는 꾀부리지 말고."

록펠러는 두 번 다시 칼집을 내지 말라는 충고와 함께 더 혼이 났다.

한번은 록펠러가 동생 윌리엄과 밤에 몰래 집을 빠져나와 스케이트를 타러 갔다. 그러나 스케이트를 타고 신나게 미끄러지던 순간, 한 아이가 얼음이 깨진 틈에 빠져 필사적으로 외치는 소리를 들었다. 둘은 발버둥치는 아이에게 장대를 내밀어 꺼내 주었다. 나중에 이 사실을 알게 된 어머니 엘리자는 사람을 구한 행위는 칭찬했지만, 밤늦게 몰래 집을 나간 짓에는 처벌이 필요하다며 다시 회초리를 들었다. 록펠러의 어머니에게는 이처럼 자녀들의 인격 교육을 위해 눈물을 머금으며 회초리를 아끼지 않는 강인함이 있었다. 어머니의 회초리

덕분에 록펠러는 평생 빗나가지 않은 삶을 살 수 있었다.

또 한 번은 록펠러가 학교에서 말썽을 피운 적이 있었다. 어머니는 집으로 돌아온 록펠러에게 혼을 냈다. 록펠러는 강하게 결백을 주장했지만, 어머니는 그 말을 끊으며 다음과 같이 말했다.

"그래도 상관없어. 엄마가 벌써 회초리를 들었으니까 그 얘기는 다음에 맞을 짓을 했을 때 생각해 볼게."

어머니 엘리자는 낭비를 싫어했다. 그래서 회초리를 드는 것조차 낭비할 수 없었던 것이다. 엘리자는 "낭비는 재난을 부른다"고 록펠러에게 늘 이야기했다.

어머니의 가르침

아버지보다 어머니와 함께한 시간이 훨씬 많았기 때문에, 록펠러는 어머니로부터 많은 것을 물려받았다. 차분한 습성은 물론 오랜 시간 평정심을 잃지 않으면서 힘든 일을 견뎌 내는 능력도 배웠다. 엘리자는 늘 침착했고, 자녀들을 가르칠 때 외에는 이웃들에게 좀처럼 화를 내거나 언성을 높이는 일이 없었다. 어머니는 록펠러에게 늘 이렇게 말하곤 했다.

"충분히 무르익을 때까지 두고 보아라."

엘리자는 황야 외딴 마을에서 아이들과 함께 밤을 보내야 할 일이 많았다. 그러나 동네에선 밤마다 도둑들이 활개를 쳤다. 하루는 도둑들이 집 뒤로 들어오려는 기척이 들렸다. 엘리자는 보호해 줄 남자가 없음을 깨닫고, 천천히 창문을 연 뒤 오래된 흑인 영가 몇 곡을 부르기 시작했다. 가족들이 모두 깨어 있는 것처럼 보이기 위해서였다. 다행히도 도둑은 발길을 돌려, 건너편 마차 차고에서 마구 한 세트를 훔쳐 달아났다. 엘리자는 그제야 안도의 한숨을 쉬었다.

록펠러의 한 이웃은 어머니에 대해 이렇게 말했다.

"엘리자는 대단히 명석하고 유능하며, 독실한 기독교 신자였어요. 그녀의 가정 교육은 매우 엄하고 어쩌면 가혹하기까지 했지만, 아이들은 모두 어머니를 사랑했죠. 항상 바쁘게 일까지 시켰는데도 말이에요. 그건 아마, 그녀 역시 아이들을 사랑했기 때문일 거예요."

어머니는 2층 침실에서 가정과 자녀들을 위해 열심히 기도했으며, 록펠러는 어머니의 기도 소리를 들으며 자랐다. 비록 많은 교육을 받지 못해 간단한 단어의 철자도 틀리는 일이 많았지만, 성경을 열심히 읽으며 집안일과 가족들을 동시에 돌보았다.

오위고 시절, 그 지역 교인들은 매년 겨울이면 회개한 죄인 수십 명을 강가로 이끌고 가서 얼어붙은 강물을 깨고 세례를 해 주었다. 주일마다 이웃들은 엘리자와 그 자녀들을 마을에 있는 교회까지 데려다 주곤 했다. 매주 손잡고 함께 교회를 다니던 록펠러와 동생들은 어느 날 주일 학교에서 용서에 대해 배웠다. 그들은 거기서 영감을 얻어 매일 밤 서로에게 "내가 오늘 한 일들을 용서해 주겠어?"라고 말한 뒤 잠자리에 들기도 했다. 기도하는 어머니 엘리자가 이끄는 록펠러의 가정은 이처럼 신앙적 분위기였다.

어린 시절 록펠러의 신앙

록펠러는 소년 시절부터 교회에 열심히 다녔다. 교회에 가면 영혼이 새로워지고 자유로워지는 걸 느꼈다. 여러 교파들 가운데 그는 어린 시절부터 침례교회에 출석했다. 주일 학교에서 청교도적이고 복음주의적인 가르침을 부지런히 배우며, 이를 자연스럽게 몸에 익혀 갔다. 그가 어린 시절 주일 학교에서 배운 신앙은 죽어서 천국에 가려면 하나님을 믿는 것뿐 아니라, 지금 이 자리에서 '하나님 나라'를 실천하는 삶으로서의 신앙이었다.

 록펠러가 태어났던 1830년대에는 찰스 피니 같은 부흥사들의 활약 속에 제2차 대각성 운동이 한창일 때였다. 어린 시절 록펠러가 살던 뉴욕 주 근처의 복음주의자들은 안식일에 문을 여는 상점에 대해 불매 운동을 벌였다. 또 흡연과 노름, 당구와 연극 같은 세속적인 문화를 따라서는 안 된다는 운동도 벌이고 있었다. 술은 '사탄의 음료'로 여겨 세례를 받으려면 금주를 서약해야 했고, 만들지도 팔지도 못했다. 심지어 노래를 부르고 춤을 추는 것까지 반대했다.

록펠러도 기독교 신자라면 이 모든 세속적인 유혹에 맞서 싸워야 하고, 하나님의 품을 떠나선 안 된다는 가르침을 자연스럽게 마음에 새겼다. 그리고 아무리 타락한 사람이라 해도 구원받을 수 있으며, 인간은 각자의 자유 의지에 따라 구원받는다는 신앙관을 세웠다.

"제가 알던 침례교인들은 자기 양심에서 나오는 소리들과 성경의 가르침에만 귀를 기울였어요. 공공장소는 물론 어디에서도 춤을 추지 않았고, 춤의 좋은 점조차 인정하려 들지 않았어요."

교회 분위기가 이러했기 때문에, 록펠러는 아버지의 문란한 생활을 보고 자라면서도 때때로 닥치는 유혹을 이겨 내고 신실한 삶을 이어 갈 수 있었다. 그의 어린 시절 신앙 교육은 평생 살벌한 생존 경쟁이 계속되는 사업 현장에서도 검소하고 절제하는 청교도적인 삶을 살아가는 토대가 되어 주었다.

"저는 일찍부터 일하고, 받은 돈을 저축하도록 교육을 받았습니다. 정당한 방법으로 많은 돈을 벌어 최대한 베푸는 것이 바로 신앙인의 의무가 아닐까요? 이것이 제가 어렸을 때 목사님으로부터 배운 덕목입니다."

클리블랜드의 고등학교 시절에도 마찬가지였다. 록펠러는 이리 스트리트 교회에서의 고등부 활동으로 매우 바빴다. 다른 고등부 친구들과 함께 그는 예배 전에 교회를 청소하고, 유리창을 닦았으며, 친구들이 오기 전에 교회로 와서 사람들을 안내했다. 예배당의 전깃불을 켜고 끄는 것도 그의 몫이었다.

록펠러가 다녔던 이리 스트리트 침례 선교 교회는 3년 전에 개척된 가난한 교회였다. 그곳에 다니던 사람들도 대부분 외판원이나 공장 노동자, 점원이나 직공 등 평범한 직업에 종사하고 있었다. 하지만 그는 이렇게 말했다.

"이러한 사람들을 만나 교회에서 교제하고, 이 밖에도 주일 학교에서의 여러 활동으로 만족과 행복을 찾았습니다. 그러한 환경을 허락하신 하나님께 감사드립니다."

록펠러는 주일이면 대예배와 주일 학교 예배 모두를 드렸고, 평일에도 몇 차례 기도 모임을 가졌다. 교회에서 열리는 친교 모임과 소풍에도 빠지지 않았다. 그리고 만 15세 되던 1854년 가을, 드디어 독실한 할아버지 알렉산더 스케드 집사로부터 세례를 받았다. 이후 그는 어린 나이에도 성경 공부반을 맡아 인도했고, 성가대에서 바리톤으로 봉사도 했다. 록펠러는 허드렛일도 마다하지 않는 주일 학교의 모범 학생이었다. 그는 「주 예수 내가 알기 전」이라는 찬송가를 유난히 좋아했다. 이런 록펠러를 교회 다른 친구들은 좋아하지 않을 수 없었다.

두 개의 주머니

신앙을 통해 록펠러는 사업가로서의 바른 자세도 일찍부터 갖추게 되었다. 그다지 신앙적이지 않았던 아버지 빌은 록펠러에게 성경을 처음부터 끝까지 통독하면 5달러를 주겠다고 한 적이 있다고 한다. 이때 그는 처음으로 '신앙'과 '돈'의 관계를 무의식적으로 느끼게 되었다.

십일조 2센트

신앙적이었던 어머니의 영향을 받아 록펠러는 어린 시절부터 하나님께 십일조 드리는 훈련을 충실히 받았다.

어머니는 록펠러가 여섯 살 때 혼자 교회에 나가도록 하면서, 그의 손에 20센트의 용돈을 쥐여 주었다. 난생처음 받은 용돈에 기쁜 얼굴로 20센트를 호주머니에 넣는 록펠러를 보며 어머니는 말했다.

"존, 20센트는 엄마가 너에게 준 것이지만, 이 돈을 함부로 써서는 안 돼. 왜냐하면 이 세상 모든 것은 하나님의 것이기 때문이지. 그래서 우리는 그 가운데 10분의 1을 하나님께 드리고 있단다. 그러니 20센트 중 2센트를 떼어 따로 주머니에 넣어라. 앞으로도 돈이 생기면 언제든 10분의 1은 하나님께 드려야 해."

록펠러는 어머니의 이 말씀을 마음에 새겼다.

이후 록펠러가 이웃집 농부 아저씨를 도와준 대가로 처음 돈을 벌어 왔을 때도 어머니는 말씀했다.

"여기 주머니가 두 개 있지? 작은 주머니에는 네가 번 돈 가운데 10분의 1을 넣어 두었다가 하나님께 십일조로 드려야 한다. 그리고 나머지 돈은 큰 주머니에 넣어 두었다가 필요할 때 꺼내 써라. 대신, 절약과 검소를 잊지 말아야 해."

어머니의 이 말씀 이후 록펠러는 죽을 때까지 철저한 십일조 신앙을 실천했다. 일기를 쓰듯 꼼꼼히 회계 장부를 기록한 다음, 반드시 거기서 10분의 1을 감사한 마음으로 하나님께 돌려 드렸다.

세 가지 약속

록펠러의 어린 시절 신앙적 일화 가운데 가장 잘 알려진 것이 '어머니와의 세 가지 약속'이다. 수십 년이 지난 후 '세계 최고의 부자'이자 자선가로 활동하던 시절, 그는 자신의 성공 비결로 어머니와 했던 '세 가지 약속'을 꼽아 화제가 되기도 했다. 한 기자가 그의 '세 가지 약속'에 대해 묻자 그는 다음과 같이 말했다.

"나는 그 시절 어머니와 세 가지를 약속했습니다. 지금 생각하면, 그것은 어머니에게 받은 신앙의 유산이라 할 수 있습니다. 이것들을 지킨 덕분에 저는 부자가 되었습니다."

"그게 뭔가요?"

"첫 번째는 십일조 생활을 꼭 하라는 것이었습니다. 어머니는 어려서부터 내가 교회에서 예배를 드려야 한다고 가르치셨어요. 여섯 살 때 혼자 교회로 보내시면서, 용돈으로 주신 20센트 중 10분의 1인 2센트를 하나님께 십일조로 드려야 한다고 하셨습니다. 그리고 두 개의 돈주머니를 만들어, 한쪽에는 십일조를 따로 떼어 놓고 다른 쪽에 제 용돈을 넣어 쓰라고 하셨어요. 그때부터 저의 십일조 생활이 시작되었고, 이는 백만장자가 된 후에도 변하지 않는 습관이 되었습니다."

기자는 두 번째와 세 번째 유산에 대해서도 물었다.

"두 번째는 주일 예배를 위해 교회에 나오면 제일 앞자리에 앉아 예배를 드리라는 것이었어요. 어머니는 어린 시절 예배가 시작되기 40분 전부터 저희 가족들을 맨 앞자리에 앉히셨어요. 그래야 목사님 말씀에 더 많은 은혜를 받을 수 있다고 생각하셨던 것 같습니다. 사실 맨 앞자리야말로 축복의 자리이지 않습니까?

마지막 세 번째는 목사님 말씀에 절대 순종하라는 것이었습니다. 그리고 교회 일에 순종하며, 목사님 마음을 아프게 하지 말라고 하셨어요. 어머니의 가르침 때문에 조금 마음에 들지 않는 일이 생겨도 목사님 말씀에 순종하려 노력했고, 교회에서 하기로 한 일에는 불평하지 않고 순종하겠다는 마음가짐으로 신앙생활을 했습니다."

이 같은 어머니의 가르침 덕분에 록펠러는 청지기 정신을 가지고 매사에 최선을 다해 열심히 일했고, 그렇게 벌어들인 수많은 돈을 교회와 자선 사업에 아낌없이 내놓을 수 있었다. 그리고 교회에서만큼은 회사의 대표이자 억만장자로서가 아니라, 평범한 성도라는 마음가짐으로 충성 봉사했다.

록펠러가 세계 최고의 부자가 되는 과정을 어머니는 모두 지켜보았다. 후에 어머니는 사랑하는 아들에게 다음과 같은 유언을 남기고 하늘나라로 평안히 떠났다.

어머니의 가르침

01 하나님을 친아버지로 섬겨라.
02 목사님을 하나님 다음으로 섬겨라.
03 오른쪽 주머니에는 항상 십일조를 준비해라.
04 누구도 원수로 만들지 마라.
05 예배를 드릴 때는 항상 맨 앞자리에 앉아라.
06 아침에는 항상 그날의 목표를 세우고 기도드려라.
07 잠들기 전에도 항상 하루를 반성하고 기도드려라.
08 남을 도울 수 있는 만큼 힘껏 도와라.
09 주일 예배는 본 교회에 가서 드려라.
10 아침에는 가장 먼저 하나님의 말씀을 읽어라.

Chapter
02

달란트의 발견

02

덴턴트의 발견

직장을 구하다

록펠러는 세례를 받은 지 1년 후인 1855년 5월, 만 16세의 나이로 졸업 시험을 한 달여 앞두고 있었다. 키가 크고 호리호리했던 록펠러는 집안 최초로 대학생이 되고 싶었지만, 어머니와 아버지의 생각은 달랐다.

실업자 록펠러

어머니 엘리자는 '교육은 많이 받으면 받을수록 좋다'며 록펠러를 격려했지만, 아버지 윌리엄은 '좀 더 실용적인 일을 찾아보는 게 좋겠다'는 생각이었다. 가정 형편이 좋지 않았기 때문이었다. 고심 끝에, 록펠러는 졸업을 두 달 앞두고 고등학교를 자퇴해야 했다. 쉽지 않은 결정이었겠지만, 그는 다음과 같이 긍정적으로 생각했다.

'남동생들과 누이들 학비까지 대려면, 제가 일을 하는 편이 더 현명한 일이겠죠?'

아쉬웠지만, 록펠러는 아버지의 제안을 받아들여 40달러를 내고 폴섬 상업 전문학교 3개월 과정에 등록했다. 그는 이 학교에서 복식 부기와 정서법, 은행업과 환거래, 상법 등을 배웠다. 이러한 교육들은 수학에 뛰어났던 록펠러의 흥미를 끌었고, 나중에 하게 될 여러 업무에도 소중히 사용될 내용들이었다.

3개월간 상업 전문학교 과정을 이수한 뒤, 8월이 되자 록펠러는 일자리를 구하기 위해 분주하게 움직이기 시작했다. 그는 비록 어려운 형편이었지만, 작은 회사를 다니며 그저 그런 소시민으로 일생을 보내고 싶지는 않았다. 그는 꼼꼼하게 여러 회사 소개서들을 살펴보며 장래성 있고 뭔가 배울 것이 있는 회사를 찾았다. 때문에 그가 찾던 회사들은 주로 철도 회사와 은행, 도매상 쪽이었다.

당시 클리블랜드는 수많은 사람들이 찾아오는 도시였다. 중서부 지역의 풍부한 농산물과 광산물들이 철도가 놓인 이곳을 거점으로 수송되었기 때문에 발전 가능성도 컸다.

그는 무더위 속에서 이러한 회사들이 밀집한 번화가 '플래츠' 주변을 돌아다녔고, 발길이 닿는 회사마다 직접 사장을 만나게 해 달라고 요구했다. 하지만 그러한 요구는 대부분 거절당했는데, 그럼에도 불구하고 그는 비서에게 대담하게 말했다.

"저는 부기를 할 줄 아는데, 이곳에서 일하고 싶습니다."

하지만 일자리를 찾기는 쉽지 않았다. 당시는 한창 개척이 진행되던 시기여서 사무직이나 관리직을 찾는 회사가 많지 않았기 때문이다. 그럼에도 그는 끈질기게 취직을 위해 돌아다녔고, '미래는 어떻게 될지 아무도 모르지만, 나는 꼭 큰 인물이 되고 말겠어'라고 다짐하며 무려 6주 동안 구직 활동을 계속했다. 그가 뜨거운 태양 아래 여름 내내 그렇게 돌아다닐 수 있었던 것은 가족을 부양해야 한다는 책임감 때문이었다.

그리고 다시는 시골로 내려가고 싶지 않기 때문이기도 했다. 면접에서 계속 떨어지는 록펠러의 모습을 보고, 아버지 윌리엄은 말했다.

"그 정도면 됐다. 내가 돌봐 줄 테니 이제 시골로 함께 내려가자."

록펠러는 훗날 그 순간을 다음과 같이 회상했.

"아버지의 그 말씀을 생각하면 아직도 등에서 식은땀이 흐릅니다."

자신이 기록해 둔 회사들을 모두 찾아가서 물어봤지만, 매번 거절당한 그는 몇몇 회사를 다시 한 번 찾아다니며 의지를 불태웠다.

1855년 9월 26일

구직 활동 두 달째가 다 되어 가던 9월 26일 아침, 록펠러는 머원가家에서 운영하는 휴잇앤드터틀을 찾았다. 곡물을 위탁 판매하고 선적하는, 3층 벽돌 건물의 휴잇앤드터틀에서 그는 부사장 헨리 B. 터틀을 만나 이력서를 제출하고 면접을 시작했다. 헨리 터틀은 몇 분 동안 록펠러와 이야기를 나누고 나서 점심시간 후에 다시 찾아오라고 했다. 때마침 회계 장부 일을 맡을 사람이 필요했기 때문이다.

록펠러는 계단을 내려와 모퉁이를 돌자마자 넘치는 흥분을 주체할 수 없었다. 아직 취직된 것도 아니었지만, 거리를 달리며 몇 개월 만의 좋은 예감에 마음껏 기쁨을 표현했다. 그는 점심시간이 끝날 때까지 안절부절못하다가, 다시 휴잇앤드터틀 사무실로 향했다. 이번에는 사장 아이작 L. 휴잇과의 면접이 기다리고 있었다.

록펠러는 직접 쓴 자기소개서를 휴잇에게 내밀었다. 사장 휴잇은 록펠러의 글씨체가 괜찮은지 꼼꼼히 확인한 뒤 이렇게 말했다.

"자네에게 한 번 기회를 주겠네."

드디어 기다리고 기다리던 일자리를 구했다. 클리블랜드 철광 회사 창립자 출신인 휴잇은 월급에 대해 말하지는 않았지만, 면접을 본 그날 코트를 걸어 놓고 바로 일을 시작할 것을 명령했다. 그는 높은 걸상에 앉아 장부들을 들여다보기 시작했다.

이후 평생 자신이 처음 취직했던 9월 26일을 생일만큼 중요하게 생각했고, 큰 회사를 경영하면서부터는 매해 9월 26일이면 성조기를 내걸고 '직장의 날'로 지정했다.

"9월 26일은 정말 중요한 날입니다. 혼자 생계를 유지할 수 있는 돈을 벌기 시작한 날이잖아요?"

하지만 록펠러는 이러한 기쁨 속에서 뜻밖의 일을 겪기도 했다. 드디어 취직되었다는 기쁜 소식을 알리기 위해 그에게 세례를 주었던 '영적 멘토' 스케드 집사를 찾아갔는데, 집사가 뜬금없이 자신은 록펠러도 무척 좋아하지만 동생 윌리엄이 더 마음에 든다는 말을 해서 당황했다. 그가 왜 그런 말을 하는지 알 수가 없었다.

신입 사원

감격적인 취직 이후 록펠러는 매일 아침 6시 30분이면 출근했다. 아직 밝지 않은 회사에 등불을 켜고, 팔에 토시를 낀 채 하루 종일 회계 장부를 보고 또 보았다. 그는 어머니의 장부 정리를 도왔던 것을 경험 삼아, 산더미처럼 쌓인 장부들을 싫증 한 번 내지 않고 척척 처리했다. 특히 그는 '숫자'에 강했기 때문에, 회계 일은 적성에도 맞았다.

"사무실에서 일을 처리하고 업무 시스템도 배웠는데, 모든 일이 너무나 즐거웠어요."

사장을 비롯해 회사의 모든 동료들은 그의 성실하고 헌신적인 업무 태도에 내심 감탄했다. 하지만 첫 직장을 가진 록펠러는 모두가 '즐거워서' 한 일이었다.

"일을 하면서 저는 하찮은 수치와 사실에도 중요한 의미가 담겨 있음을 알게 되었습니다. 그래서 모든 사항과 수치들을 꼼꼼히 살펴보지 않을 수 없었어요."

그는 장부에서 모든 성과를 측정할 수 있는 결과물들을 보았고, 비능률적인 요소와 부정부패까지 잡아낼 수 있었다.

특유의 성실함 때문에 그에게는 점점 일이 늘어나, 청구서 결제와 부동산 임대료 수금 대리인 업무까지 감당하게 되었다. 그는 단 몇 센트의 오차도 그냥 넘어가지 않았고, 송장을 조작하자는 직원들의 유혹을 단호히 거절했으며, 채무자를 만나 항복할 때까지 한 시간이고 두 시간이고 끈질기게 기다려 돈을 받아 내는 등 탁월한 업무 능력을 발휘했다. 채무자들은 "이렇게 끈질긴 사람은 처음"이라며 혀를 내두르곤 했다.

그리고 록펠러는 다양한 종류의 일용품을 위탁 거래하던 이곳에서 나중에 사업의 발판이 되는 많은 경험들을 자연스럽게 습득했다.

성실과 정직

존 록펠러는 천신만고 끝에 직장을 구하고, 부모의 품을 떠났다. 직장인이 된 그는 보이는 모든 것에서 새로움과 즐거움을 느꼈다. '비즈니스맨'으로서의 첫 걸음이 시작된 것이다.

첫 월급을 받다

취업 당시 월급 이야기를 구체적으로 하지 않은 것이 화근이 되어, 첫 월급은 취직 후 3개월 만인 1855년 마지막 날에야 받을 수 있었다. 회사는 록펠러에게 석 달 치 급료로 총 50달러를 지급했는데, 일당으로 계산하면 고작 50센트 정도에 불과했다. 그 시절에는 청소년들이 월급 없이 수습생으로 일하는 경우가 흔했기 때문에 일어난 일이었다. 대신, 사장 휴잇은 입사 3개월 차 신입 사원 록펠러의 능력과 성실함을 인정해 월급을 25달러로 대폭 인상해 주었다.

록펠러는 일에 빠져 지내느라 시간 가는 줄 모를 정도였다. 그토록 늦게까지 일했지만 한 번도 일이 지루하거나 힘들다고 생각하지 않았다.

"능동적인 사람들은 결코 돈을 위해서만 일하지 않습니다. 그런 사람들은 일의 매력에 빠지는 것이죠. 일의 묘미란, 단순히 부를 축적하는 그 이상의 무언가에 있습니다."

매일 아침 6시 30분이면 출근했던 록펠러는 점심은 집에서 싸 온 도시락을 먹었고, 밤늦게까지 일하다 저녁 식사도 못한 채 퇴근하곤 했다. 자신이 보기에도 심각했던지, 스스로에게 이런 맹세를 한 적이 한두 번이 아니었다.

"오늘부터 30일 동안은 밤 10시 전에 꼭 퇴근하겠다."

장부 A

록펠러는 이 같은 맹세를 '장부 A'에 손수 기록했다. 회사의 재정 상태를 기록하는 장부뿐 아니라, 자신의 생활 태도와 재정 상태도 '장부'에 기록해 놓았던 것이다. 그만큼 그는 '장부'

의 중요성을 일찍부터 깨닫고 있었다. '장부 A'는 록펠러가 일자리를 구한 1855년 9월에 10센트를 주고 산 작은 빨간 공책이었다. 여기에다 그는 자신의 수입과 지출은 물론 사업과 자선금 내역까지 꼼꼼히 써 내려갔다.

록펠러는 모두가 성공을 찾아 헤매던 '골드 러시' 시대에 '탐욕의 노예'가 되지 않으려고 노력했다. 매일같이 밤늦게 퇴근했지만, 그는 엄격한 청교도답게 잠들기 전에 하루의 일과를 돌아보았다. 그리고 사회 분위기와는 달리 '검소함'을 자랑스럽게 생각했다. 그래서 장부에는 이렇게 쓰여 있었다.

"늘 싸구려 옷 가게에서 옷을 사 입었지만, 살 수 없는 비싼 옷들보다 훨씬 더 질이 좋다고 생각한다."

하지만 딱 한 번, 이 같은 검소한 소비 습관을 어긴 적이 있다. 모직 벙어리장갑이 너무 낡아, '무려' 2달러 50센트를 주고 모피 장갑을 샀던 것이다. 이때의 실수가 얼마나 뼈저린 것이었던지, 록펠러는 90세가 되었을 때도 이 '모피 장갑'을 잊지 못했다고 한다.

"그깟 장갑 한 켤레에 왜 2달러 50센트나 낭비했는지…… 지금도 모르겠어요."

'장부 A'에는 록펠러가 취직한 첫해부터 자신이 받은 월급의 6퍼센트를 자선 단체에 기부하고, 가끔 그보다 많은 돈을 기부했다는 내용이 기록되어 있다. 하루 1달러를 벌 때도 10

센트, 많게는 25센트를 자선 활동에 내놓았고, 십일조도 헌금했다. 그리고 그의 생활비 내역이 꼼꼼히 적혀 있다. 사과 3센트, 셔츠 깃 13센트, 램프 기름 1갤런에 88센트 등의 지불 내역과 수입의 절반 가까이를 차지했던 하숙비와 세탁부 급료 등이 기록되어 있다.

록펠러는 자신이 적었던 이 '장부 A'를 소중한 가보처럼 여겼고, 나중엔 마치 보석처럼 귀중품 보관소에 넣어 두었다.

꿈이 커지다

록펠러는 '한낱' 보조 장부 계원이었지만, 꿈이 있었다. 언젠가는 큰 부자가 될 수 있다는 비전을 갖고, 그는 항상 주변 사업가들을 주의 깊게 관찰했다. 그리고 자신이 다니는 회사의 상사들을 존경했지만, 결코 두려워하지는 않았다. 그들의 단점을 정확히 알고 있었기 때문이다.

그는 입사 3년 차인 1857년 1월, 자신을 처음 만나 '점심시간 후에 다시 오라'고 이야기했던 터틀이 회사를 그만두면서 선임 장부 계원으로 승진했다. 전직 부사장인 터틀이 맡았던 일을 이제 겨우 열일곱 살의 그가 맡게 된 것이다. 하지만 월급은 오르지 않았다. 같은 업무를 보았던 터틀의 연봉이 2000

달러에 달한 데 비해 록펠러의 연봉은 그 4분의 1인 500달러에 불과했다.

록펠러는 섭섭함을 느꼈지만, 당시는 경제 침체기였기 때문에 섣불리 일을 그만둘 수도 없었다. 그는 장부 계원이었기 때문에, 회사가 불황으로 파산 위기에 놓였다는 것과 앞으로의 전망도 그리 밝지 못하다는 것을 알고 있었다. 그래서 자신의 이름으로 돼지고기나 밀가루, 햄 등의 물품을 중개하는 부업을 시작했다. 회사 사정이 나아졌는지, 휴잇 사장은 다음 해인 1858년 록펠러의 연봉을 100달러 올린 600달러로 책정했다.

록펠러는 그 무렵 아버지가 시내 체셔 가에 새로 짓고 있던 가족들의 거처에 대한 감독 업무도 맡았다. 아버지는 그에게 "나는 멀리 떠나 있을 테니 모든 일을 네 판단에 맡기겠다"며 힘을 실어 주었다. 그는 회사 업무로 눈코 뜰 새 없이 바쁜 가운데서도 건축 프로젝트를 지휘했고, 여덟 명의 도급업자에게 경쟁을 붙여 가장 낮은 가격을 부른 업자에게 일을 맡겼다. 록펠러의 집 건축을 맡은 업자는 손해를 보아야 했는데, 록펠러의 꼼꼼한 감독과 지독한 가격 깎기 때문이었다.

록펠러는 어린 나이에 그런 일을 해낸 자신을 대견해했고, 아버지의 의도와는 상관없이 이를 자립을 위한 하나의 훈련 과정으로 여기고 최선을 다했다. 그러나 '괴짜'였던 아버지 빅빌은 집이 완공되자 그동안 하숙집을 떠난 록펠러에게서 '하숙비'를 받기도 했다.

이러한 소동에도, 록펠러는 어느 것 하나 맡은 일을 허투루 하지 않았다. 이처럼 '괴짜' 아버지와 달리 듬직하고 성실했던 맏아들 존 록펠러는 어머니 엘리자의 깊은 신뢰를 받았다.

그 무렵, 그는 동생 윌리엄도 회사로 데려와 함께 일을 시작했다. 그러나 록펠러는 업무량 등 모든 부분을 고려할 때 자신이 받는 월급이 너무 적다는 생각을 하고 있었다. 이는 그의 친구 모리스 클라크도 생각이 같았다.

사업의 시작

록펠러는 급기야 사장을 찾아갔다. 때가 왔다고 판단한 것이다. 그는 사장 휴잇에게 연봉을 800달러로 인상해 줄 것을 요구했다. 하지만 자금난에 허덕이던 휴잇은 몇 주 동안 확답을 주지 못하다가, 결국 700달러 이상은 줄 수 없다고 최종 통보했다.

독립하다

록펠러의 영국인 친구 모리스 클라크는 폴섬 상업 전문학교를 같이 다녔는데, 시내에 있는 오티스 브라우넬이라는 농산물 판매점에서 일하고 있었다. 록펠러보다 열 살 정도 많았고 술과 담배를 즐기며 입에 욕을 달고 살던 클라크는 '보통 이상의 능력과 신용을 가진' 젊은 장부 계원 록펠러의 명성을 익히 알고 있던 터였다. 어느 날, 그가 찾아와서 말했다.

"록펠러, 우리 함께 사업을 해 보는 게 어때?"

각자 2000달러씩 4000달러를 투자해 농산물 매매 회사를 공동 창업하자는 제안이었다. 록펠러는 솔깃했지만, 돈이 없었다. 당시 2000달러는 지금의 3만 6000달러에 해당하는 큰 돈이었다. 록펠러는 직장 생활 3년여 만에 자신의 1년 연봉보다 많은 800달러를 모았지만, 그것은 2000달러의 반에도 미치지 못하는 액수였다. 장부 계원을 하는 틈틈이 하던 도매 일로는 나머지 1200달러를 모으기가 너무 오래 걸릴 것 같았다. 결국 그는 아버지를 찾아갔다.

"아버지, 사업을 시작하고 싶은데 돈이 부족합니다. 돈을 좀 빌려 주십시오."

"그러마. 나는 너희들이 스물한 살이 되면 1000달러씩 줄 생각이었거든. 그걸 미리 주지. 하지만 이자는 빼먹지 말고 줘야 한다."

'괴짜' 아버지는 집에서 하숙비를 받아 가는 것도 모자라, 아들에게 이자 10퍼센트를 책정했던 것이다. 이는 당시 이율보다 훨씬 높은 '고리대금'이었고, 지금 생각해도 아들에게 받는 이자치고는 결코 낮지 않은 액수다.

하지만 그는 아버지의 말씀을 거역하지 않고 지키려 노력했다.

리버 가街 32번지에 '클라크앤드록펠러'사가 들어섰다. 1858년 4월 1일, 록펠러가 처음으로 취직한 지 불과 3년도 채 되지 않아 '인턴 장부 계원'에서 '공동 경영인'으로 수직 상승한 것이다. 그의 나이 겨우 만 열여덟이었다. 클라크가 매매를, 록펠러가 부기를 담당하면서 업무는 자연스럽게 나뉘었다.

그는 첫날 일을 마치고 집으로 돌아가 조용히 무릎을 꿇고 감격의 기도를 드렸다.

"주님, 지금까지 함께하셨던 것처럼 클라크앤드록펠러를 축복해 주시옵소서."

그리고 자칫 나태해지고 교만해질까 두려워 다음과 같은 기도를 덧붙였다.

"저 자신을 돌아보고 늘 조심하지 않으면 실패하기 쉽습니다. 항상 겸손하도록 도와주세요."

당시 지역 언론이었던 「클리블랜드 리더」는 록펠러와 클라크가 새로 창립한 회사에 대해 다음과 같이 평가했다.

"이들은 적절한 경험과 책임감, 민첩성을 갖춘 사업자다. 독자 여러분도 관심을 갖고 지켜봐 줄 것을 당부한다."

동업과 확장

클라크와 록펠러의 회사는 오대호를 중심으로 육류와 곡물, 기타 식료품 등을 운송하는 일에 적극 나섰다. 뿐만 아니라 어류와 물, 석고와 대리석, 천일염과 일반 소금, 유제품 등 그곳에서 거래되는 모든 품목들을 취급하려고 애를 썼다.

하지만 첫 사업은 그리 평탄하지 못했다. 문을 연 지 두 달 만에 서리가 내려 농작물들이 큰 피해를 입는가 하면, 콩을 대량 구매하기로 계약을 체결했는데 받아 보니 절반이 흙과 찌꺼기여서 난감한 적도 있었다. 록펠러는 엄연한 경영인이었지만, 사무실에 가만히 앉아 있지 않고 점원들과 창고로 가서 멀쩡한 콩들을 골라내는 일을 함께했다. 오하이오와 인디애나까지 농부들을 찾아가 농산물 협상에 직접 나선 적도 있었다.

또 한 번은 회사의 자본을 모두 투자해서 사들인 배 한 척 분량의 곡물들을 버펄로로 운송하는 일을 맡았다. 하지만 록펠러는 보험료 150달러가 아까워 이번에는 보험에 들지 말자고 했다. 클라크는 내키지 않았지만 그 제안에 따랐는데, 그날 밤 엄청난 폭풍우가 몰아쳤다는 소식이 들려왔다. 다음 날 아침 사색이 된 록펠러는 당장 보험에 가입했다. 다행히 배는 별일 없이 항구에 도착해, 안도의 한숨을 내쉬었다. 그날 저녁 그는 긴장이 풀린 탓인지 심하게 몸살을 앓았으나, 집에는 차마 이야기하지 못했다.

하지만 이전의 콩 사건 때문에 그는 다시 한 번 아버지를 찾아가 아쉬운 소리를 해야 했다. 아버지는 또다시 호탕한 웃음을 터뜨리며 선뜻 그의 손에 돈을 쥐어 주었지만, 그때뿐이었다. 10퍼센트라는 말도 안 되는 이자는 물론이고, 록펠러의 재정 상태가 가장 힘들 때마다 돈을 갚으라고 으름장을 놓았다.

"아버지는 돈에 관한 한 정말 냉정하셨어요. 참기 힘들 정도로 화가 날 때가 많았습니다."

하지만 이제는 아버지가 아니라 은행이 그의 고민을 해결해 주었다. 인자한 은행가 트루먼 P. 핸디는 창고 영수증을 담보로 대출해 달라는 록펠러의 제안에 선뜻 2000달러를 내주었다. 록펠러는 들뜬 목소리로 말했다.

"말로 설명할 수 없을 정도로 정말 기뻐요. 은행에서 저에게 2000달러를 대출해 주다니! 제가 마치 지역 사회에서 중요한 인물이 된 느낌까지 듭니다."

하지만 그전에 다른 은행원이 대출을 거부하기도 했는데, 그때 그는 화를 내며 소리쳤다.

"저는 언젠가 세계 최고의 부자가 될 거예요!"

사업을 시작한 지 1년이 되는 1859년 4월 1일, 클라크앤드록펠러에는 클라크와 함께 일했던 조지 W. 가드너가 공동 경영인으로 합류했다. 그로 인해 회사 이름에는 록펠러가 빠지고 가드너가 새로 들어가 '클라크가드너 상사'로 바뀌었다. 그리고 그는 곧 스무 살이 되었다.

사업은 날로 번창했다. 첫해에만 4400달러를 벌어들였는데, 동업자와 반으로 나눠도 마지막 해에 장부 계원으로 받은 연봉 700달러의 세 배가 넘는 액수였다. 이듬해 가드너의 합류로 자금줄이 넉넉해지면서 사업은 더욱더 성장했다.

그때부터 록펠러는 검소하고 성실했지만, 필요하다 싶으면 무모할 정도로 과감하게 투자했다. 그는 그래서인지 다소 사치스러웠던 클라크와 가드너를 못마땅해할 때가 많았다. 클라크와 가드너도 그런 록펠러를 재미없게 느끼기도 했지만, 그의 정직성과 성실성만은 높이 샀다.

남북 전쟁

1861년 4월 시작된 남북 전쟁은 아이러니하게 록펠러의 사업에 큰 도움을 주었다. 동족상잔의 전쟁은 수십만 명의 목숨을 앗아 갔지만, 사업가들은 전쟁에 필요한 온갖 물품들을 운송하거나 생산하면서 이를 사업 확장의 기회로 삼기도 했다. 그래서 당시 힘 있는 이들은 군에 입대하는 대신 대금을 지불하고 용병을 고용했는데, 록펠러는 새로운 사업을 막 시작했고, 어머니를 비롯한 가족들을 먹여 살려야 했기 때문에 입대할 수 없었다.

그러나 록펠러는 남북 전쟁의 대의大義였던 노예 해방만큼은 적극 찬성하여 전쟁 전해에 있었던 대통령 선거에서 링컨을 뽑으며 생애 첫 투표권을 행사했다. 그는 고등학교 시절 '자유'를 주제로 썼던 에세이에서 노예들을 혹사시키는 현실에 대해 개탄하기도 했다. 그가 살던 클리블랜드는 북부에 속했고, 그곳은 도망친 노예들을 비밀리에 이동시켰던 한 단체의 주요 거점이기도 해, 사회 전반적인 분위기도 노예제 반대로 기울어 있었다. 특히 북부의 기독교인들은 노예 제도를 가장 열렬히 반대했는데, 록펠러 역시 이 같은 흐름을 따라 노예 제도 반대 집회에 참석하기도 했다.

입대하지 않았던 록펠러는 이 때문에 군인들에게 막연하게나마 '부채 의식'이 있었다. 그래서 장교였던 친구 스코필드가 신병 30명을 이끌고 사무실로 찾아왔을 때, 금고에서 돈을 꺼내 한 사람당 10달러씩 나눠 주었다. 그때 그는 이들이 수군거리는 소리를 들었다.

"저 사람, 정말 부자인가 봐."

"사람들이 그를 가리키며 부자라고 하더군. 무려 1만 달러의 가치를 가졌다나……."

'부자'라는 이야기를 처음 들은 록펠러는 '부자'가 할 수 있고, 해야 하는 일에 대해 조금씩 알아 가기 시작했다.

 전쟁으로 인해 각종 물품들에 대한 수요가 갈수록 커지면서 기반 시설들도 속속 들어섰다. 병력과 전쟁 물자들을 실어 나를 철도망이 확장되었고, 무기를 만들어 낼 탄광과 제철소도 건립되었으며, 식량과 의복 등도 대량 생산 체제가 갖추어졌다. 미국 땅 곳곳에 철로가 놓이면서, 록펠러의 운송 사업도 활기를 띠었다.

 특히 이리 호 연안에 위치하고 주요 철도들이 통과했던 교통의 중심지 클리블랜드는 더욱 그랬다. 군사적으로도 요충지였다. 생필품 가격이 폭등하고 경제가 발전하면서 록펠러의 회사도 많은 덕을 보았다. 그래서 이듬해인 1862년, 그의 회사는 무려 1만 7000달러의 수익을 올렸다.

 록펠러의 사무실에는 전장터의 소식을 들으려는 사람들로 가득했다. 전국 각지에서 물건이 들어오면서 그곳 소식도 함께 들어왔기 때문이었다. 그래서 록펠러도 속속 들어오는 전장터 소식에 깊은 관심을 가지고 지도를 보아 가면서 클라크와 앞으로의 흐름을 이야기하기도 했다.

 그리고 그해 말, 록펠러는 자금을 위해 영입했던 조지 가드너를 회사에서 쫓아냈다. 그래서 회사의 이름은 다시 '클라크 앤드록펠러'가 되었다. 록펠러는 주말이면 요트를 빌려 물놀

이를 갔던 가드너의 방탕한 행실 때문에 은행 사람들과 사이가 멀어졌다며 불만이 많았던 터였다. 돈이 부족했던 그들에게는 사업을 제대로 운영하려면 무엇보다 충분한 자금이 절실했는데, 신용이 떨어지면 대출이 불가능했기 때문이다.

록펠러의 '끈질긴 성격'도 사업 확장에 한몫을 단단히 했다. 생필품 위탁 판매 의뢰가 쇄도하면서 화물 열차의 확보가 필수적이 되었는데, 이를 해결하기 위해 록펠러는 철도원들을 붙잡고 사정할 때가 한두 번이 아니었다. 한 관리는 록펠러 때문에 괴롭다고 토로하기도 했다.

사업이 확장 일로에 있던 록펠러는 그럴수록 밤마다 자기반성에 시간을 할애하는 사람이었다. 그는 자신이 똑똑하고 대단하다고 생각될 때마다, 마음속으로 이 말씀을 떠올리려 애썼다.

교만은 패망의 선봉이요 거만한 마음은 넘어짐의 앞잡이니라. (잠언 16장 18절)

록펠러는 나태해지려는 자기 자신과의 싸움을 게을리하지 않았다. 그리고 혼자 이렇게 다짐하곤 했다.

"시작했다고 전부 사업가가 되는 건 아니다. 조심하지 않으면 자칫 냉정함을 잃을 수 있다. 돈을 벌었다고 해서 목에 힘을 주어서도 안 된다. 늘 신중함과 균형을 잃지 않도록 노력하자."

그는 자기 자신이 허황된 생각에 사로잡혀 우쭐대거나 거만해질까 봐 늘 두려워했다. 그것은 어머니 엘리자와, 성경에 적힌 하나님의 말씀에 어긋나는 일이었기 때문이다. 다행히 그는 '내면의 소리'를 들을 수 있는 '영적인 귀'를 열어 놓음으로써 수많은 유혹을 이겨 낼 수 있었다.

자선 활동과 신앙

록펠러는 10대의 인턴사원에 불과했을 때부터 주일 학교에서 아이들을 가르치는 등 자신이 다니던 이리 스트리트 침례 선교 교회에서 중요한 역할들을 해 나갔다. 그리고 열아홉 살의 나이에 집사가 되었다.

2000달러의 빚

록펠러는 종교와 사업 양쪽에 '소명 의식'을 느꼈다. 기독교와 자본주의를 자기 삶의 두 기둥이라 생각했던 것이다. 그는 자신의 구원을 확신했고, 죄악에 빠져서는 안 된다는 침례교회의 가르침을 굳게 믿었다.

그는 주일마다 교회 종을 울리는 등 어린 시절과 마찬가지로 봉사에도 열심이었다. 그리고 예배가 끝나면 촛불을 하나만 남기고 모두 직접 불어서 끄는 등 어머니의 가르침에 따라 근검절약을 실천했다. 그는 다른 성도들에게 "절약은 해야 할 때 하는 것이 아니라, 할 수 있을 때 하는 것"이라고 강조하며, "주일마다 교회에 입고 오는 좋은 옷을 회사에도 입고 가면 좀 더 소명 의식을 가진 멋진 그리스도인이 될 수 있을 것"이라고 했다.

피 끓는 10~20대 시절을 절제하며 버틸 수 있었던 것은 특유의 과묵하고 절제력 있는 성품 때문이기도 했지만, 무엇보다 신앙심 덕분이었다. 그는 그 시절 유행하던 춤과 카드놀이 그리고 연극 관람 등을 가까이하지 않았다. 새로 만들어진 YMCA에 참석하고 강연이나 콘서트 등을 보러 다니기도 했지만, 다른 성도들과 함께 교회 모임과 야유회 등에 비중을 두고 활동했다. 사업을 제외하면 그의 주된 활동처는 '교회'였다.

그는 마치 21세기 대형 교회의 모습처럼 예배만 끝나면 우르르 빠져나가는 성도들을 보면서 안타까움을 금치 못했다. 그래서 이들이 교회를 집처럼 편안하게 느낄 방안을 연구하기도 했다.

"서로 마주치면 반갑게 인사를 나누고, 처음 오신 분들은 특히 환영해 주는 게 좋겠어요."

록펠러도 비록 살가운 성격은 아니었지만, 성도들을 만나면

웃는 얼굴로 맞으면서 악수를 청했다.

"악수는 자신이 환영받는 존재임을 모르는 이들에게 다정하게 손을 내미는 행위입니다. '나는 당신의 친구'라고 말하는 행동이지요."

그의 이러한 습관은 평생 변하지 않아서, '세계 최고의 부자'를 구경하기 위해 교회를 찾은 많은 사람들과 일일이 손을 내밀며 인사했다. 그런 그를 모든 성도들이 좋아했는데, 특히 10~20대 여성들에게 인기가 많았다.

록펠러는 교회에서도 일터에서처럼 재정을 관리하며, 교회 사무를 보는 등 행정 업무를 도우면서 집사로서의 직분을 수행했다. 하지만 개척 교회였던 이리 스트리트 침례교회는 재정 자립도가 형편없었고, 성도들은 모교회의 눈치를 보아야 했다. 록펠러는 생색을 내려는 모교회의 태도가 마음에 들지 않았다. 그래서 성도들에게 이렇게 말했다.

"우리는 스스로 배의 노를 저어 갈 능력이 있습니다."

그러던 어느 날, 교회가 한 집사에게 2000달러를 빌렸는데 제 날짜에 이자를 지불할 수 없게 돼 담보로 잡힌 교회를 넘겨주어야 할 위기에 처했다. 담임 목사는 주일 설교 시간에 이 사실을 알리면서, "채권자가 교회를 처분하겠다고 협박하고 있다"며 기도를 요청했다. 가난한 이들이 대부분이었던 성도들은 이 소식에 몹시 놀라 예배가 끝나자 짐을 떠맡지 않기 위해 서둘러 빠져나가려 했다.

 바로 이때, 청년 록펠러가 나섰다. 나가려는 사람들로 아수라장이 된 문 앞에 서서, 록펠러는 한 사람씩 붙잡고 얼마를 헌금할 수 있는지 묻기 시작했다. 낼 돈이 없다는 이들에게도 간청하고 설득했다. 심지어는 협박까지 하면서 재촉했다. 그는 이 급박한 상황에서도, 수첩을 꺼내 이름과 대략의 현금 액수를 받아 적어 나갔다. 그는 포기하지 않고 몇 주간 모금 활동을 계속해 나갔다. 끈질기게 호소하고 모금을 독려한 결과, 몇 달 만에 목표액 2000달러를 모두 모아 빚을 갚았다. 록펠러는 후에 이 일을 두고 이렇게 말했다.

 "저는 그 일에 정말이지 빠져들었고, 깊이 헌신했습니다. 교회에서 이런 일들을 여러 차례 겪고 보니, 돈을 더 많이 벌어야겠다는 생각이 속에서 끓어오르더군요. 이런 식으로 최선을 다하면 돈을 벌 수 있겠다는 생각도 들었습니다."

사업도 '신의 은총'

록펠러는 일찍부터 출세 가도를 달린 것에 대해 늘 이처럼 겸손하게 간증하곤 했다.

 "제가 번 돈은 모두 하나님께서 주신 것입니다. 제가 돈을 벌 수 있었던 이유는 하나님의 보살핌 덕분이었습니다."

그는 교회 목사님의 설교를 통해 '열심히 일해야 할 이유'들을 느꼈고, 그것을 일주일 동안의 삶 속에서 실천했다. 청교도가 세운 나라 미국에는 그들의 정신이 면면히 흐르고 있었던 것이다. 이 같은 록펠러의 가치관 밑바탕에는 다음과 같은 말씀이 있었을 것이다.

> 종들아 모든 일에 육신의 상전들에게 순종하되 사람을 기쁘게 하는 자와 같이 눈가림만 하지 말고 오직 주를 두려워하여 성실한 마음으로 하라. 무슨 일을 하든지 마음을 다하여 주께 하듯 하고 사람에게 하듯 하지 말라. 이는 기업의 상을 주께 받을 줄 아나니 너희는 주 그리스도를 섬기느니라. 불의를 행하는 자는 불의의 보응을 받으리니 주는 사람을 외모로 취하심이 없느니라. (골로새서 3장 22~25절)

이처럼 록펠러는 사업 못지않게 신앙생활에도 열심이었고, 교회 재정도 사업만큼 깔끔해야 한다고 생각했다. 차츰 사업이 확장되면서 그가 교회에 내는 헌금과 십일조도 늘어났다. 2000달러의 빚을 갚는 데도 앞장서 약관의 나이에 목사님 다음으로 중요한 위치에 서게 되었다.

그의 이런 '완벽을 추구하는 크리스천의 삶'은 사업에도 큰 도움을 주었다. 주요 거래처인 중·장년층이 그의 태도를 보고 좋은 인상을 받았기 때문이다. 그는 의외로 거래처 사람들과 능숙하게 대화를 나누었다.

록펠러는 미국 건국의 아버지들 중 한 명이었던 벤저민 프랭클린(1706~1790)처럼 다음 구절을 마음에 새기곤 했다.

> **네가 자기의 일에 능숙한 사람을 보았느냐. 이러한 사람은 왕 앞에 설 것이요 천한 자 앞에 서지 아니하리라.(잠언 22장 29절)**

그는 이 구절을 주일 학교 학생들에게 자주 들려주면서 외우도록 했다.

나는 '청지기'다

록펠러는 자신이 성경에 나오는 '청지기'와 같다고 생각했다. 그가 많은 돈을 번 이유, 즉 하나님께서 그에게 많은 재물을 선사하신 이유도 여기에서 찾았다. '세계 최고의 부자'가 된 후에도 그는 이렇게 말했다.

"주님께서 나를 특별히 사랑하셔서 많은 것을 얻게 하신 이유는, 결국 주님께 이 모든 것들을 다시 돌려 드릴 것임을 알고 계셨기 때문이 아닐까요?"

또 이렇게 말했다.

"저는 '돈을 버십시오. 정직하게 벌어서, 현명하게 나누어 주십시오'라는 목사님의 설교를 듣고 '인생의 재무제표' 설계를 마쳤습니다. 저는 곧바로 그 말씀을 수첩에 받아 적었어요."

록펠러는 누구보다 근검절약하고 구두쇠처럼 낭비하는 걸 싫어했지만, 이 '청지기 의식'이 있었기 때문에 어린 시절부터 어느 누구 못지않게 자선 활동에 앞장섰다. 앞서 등장했던 '장부 A'에는 그의 이러한 면모가 잘 드러난다. 록펠러는 교회의 가난한 사람들에게도 손을 내밀었고, 맨해튼 남부의 악명 높은 빈민가에 위치한 파이브 포인츠 사회사업단에도 기부를 아끼지 않았다. 스무 살 되던 해에는 자선 사업에 사용된 지출이 전체 수입의 10퍼센트를 넘어섰다. 록펠러는 자신이 다니던 교회뿐 아니라 흑인 교회와 감리 교회는 물론이고, 가톨릭 고아원에까지 헌금했다. 이렇듯 그는 10대 시절부터 '나눔'에 열심이었다. 사람들은 그의 이러한 재정 운용 방식을 '영적 복식 부기'라고 불렀다.

1855년 출간된 『에이머스 로런스의 일기 및 서신 발췌문 모음집』을 읽고 크게 감동받은 일도 있었다. 책에는 뉴잉글랜드 지역의 부자 로런스가 10만 달러 이상을 여러 자선 사업에 유익하게 사용했던 내용과 과정들이 적혀 있었다. 로런스는 일기에 빳빳한 지폐를 기부했다는 내용을 적었는데, 록펠러는 이 대목에서 큰 감명을 받아 자신도 언젠가는 갓 발행된 신권을 기부하겠다고 다짐한 적도 있었다. 만약 록펠러가 자선 사업에 조금이라도 관심이 없었다면, 이 책을 꺼내 들지도 않았을 것이다.

무엇보다 그는 벌어들인 돈에서 10분의 1을 정확히 하나님께 드렸다. 그의 사업이 번창할수록 십일조 액수도 늘어났기 때문에, 재정 상태가 열악했던 교회에도 큰 힘이 되었음은 물론이다. 집착하는 것처럼 보일 정도로 철저히 지출과 수입을 계산해 '장부 A'에 기록하던 록펠러도, '교회'란에는 이렇게 써넣었다.

'눈감아 주자.'

결혼과 가정

록펠러는 고등학교 친구였던 '세티', 즉 로라 스펠먼과의 인연을 끊지 않았다. 세티는 록펠러가 자퇴하고 나서 한창 직장을 구하던 시절에도 그를 격려해 주었다. 록펠러는 경건하면서도 사랑스럽고, 신앙적이면서도 자신을 적절히 내조할 수 있는 여성을 이상형으로 놓고 기도했다.

여성 해방론자

로라 스펠먼은 록펠러에게 '경제적인 비전'만 보여 준다면 결혼할 마음이 있다는 메시지를 보낼 정도로 당찬 여성이었다. 하지만 결혼하기에 둘 사이의 격차는 너무 컸다. 스펠먼가(家)는 품격을 갖춘 명문가였고, 청교도 직계 후손이었던 로라의 아버지 하비 B. 스펠먼은 자수성가했지만 사회 개혁에도 적극적인 인물이었다. 하비 스펠먼은 1835년 루시 헨리와 결혼식을 올린 후, 록펠러가 태어난 지 두 달 후인 1839년 9월 9일 로라 셀레스티아 스펠먼을 낳았다.

하비 스펠먼은 지역 교육 위원으로서 발전된 공교육 체제 창안에 앞장섰고, 이러한 개혁 운동으로 1849년 오하이오 주 의회에 입성했다. 교회 일에도 열심이어서, 애크런에 조합 교회를 설립하는 데도 공헌했다. 아내 헨리는 록펠러의 어머니 엘리자처럼 찬송가를 즐겨 불렀다. 스펠먼 가족은 이외에도 사회에 만연한 지나친 음주 행태를 개선하고자 노력했고, 노예제 폐지에도 앞장섰다. 그들 가족은 1851년 아버지 스펠먼의 사업 파산으로 애크런에서 클리블랜드로 이사했고, 거기서 로라는 록펠러와 인연을 맺게 됐다.

로라 스펠먼은 쾌활하면서 분별력 있는 여성이어서, 록펠러의 기도에 딱 맞는 배우자감이었다. 로라는 록펠러만큼이나 근검절약과 성실함을 중시했고, 온화한 미소 뒤에 굳은 의지가 감춰져 있는 '외유내강형'이었다. 목소리와 태도가 차분했던 점도 시끄러운 여성을 싫어했던 록펠러의 마음에 드는 부분이었다. 비슷한 구석이 많았던 둘은 서로에게 호감을 가질 수밖에 없었다.

독실한 신앙인이었던 점도 둘의 공통점이다. 로라는 교회를 너무 열심히 다녀, 언니로부터 '수녀 같다'는 소리를 듣기도 했다. 하지만 다른 이에게 자신의 신앙을 강요하기보다 직접 모범을 보이는 유형이었다.

로라는 고등학교 졸업식 때 학생 대표로 고별사를 낭독했는데, 그녀는 고별사에서 당시로서는 파격적인 '여성 해방'을 선언하기도 했다.

"우리는 온순하게 복종하지 않을 것이므로 어느 누구도 우리를 마음대로 다룰 수 없습니다. 우리는 나름의 사고를 가진 하나의 인간이기 때문에 한번 결단을 내리면 그대로 따를 것입니다. 그러니 수학을 비롯한 다방면의 엄밀한 사상들이 여성의 머리에 영향력을 발휘할 수 있게 하십시오. 그러면 인습에 얽매여 여성의 '적절한 영역'이 무엇인지 고민할 필요도 없어집니다."

1856년 부모님이 클리블랜드를 잠시 떠난 사이 로라와 언니 루시는 클리블랜드 공립 학교 교사에 지원했고, 경제적 어려움이 다소 사라지자 2년 후 매사추세츠 주에 있는 오리애드 전문학교에서 1년간 공부했다. 이곳은 여성에게 문을 연 최초의 고등 교육 기관 중 하나였다. 로라는 학교에서 새벽 5시 30분에 기상해 저녁 9시 45분 불이 꺼질 때까지 쉴 틈 없이 진행되던 학교 수업도 빼먹지 않고 최선을 다했다. 로라는 학교에서 시를 쓰고 교내 문예지를 편집하는 등 문학적 재능을 드러냈다.

  3년 후 클리블랜드로 돌아온 자매는 클리블랜드 대학에서 프랑스어와 라틴어, 성악과 피아노 수업을 들었고, 그해 가을 공립 학교에 취직하여 로라는 교사 겸 교장 비서로, 언니 루시는 남학생을 가르쳤다. '여성 해방론자'인 로라는 자신의 일에 충분히 만족하고 있었기 때문에, 일찍 결혼하려는 마음이 별로 없었다. 록펠러는 그런 그녀에게 "우리가 서둘러 결혼할 이유는 없지만, 아무리 머리가 복잡해도 결혼 문제만큼은 잊지 않기를 바랍니다"라고 편지를 쓰며 우직하게 기다렸다.

평생의 반려자

그들이 살던 19세기 중반의 미국은 일반적으로 결혼을 하면 여성들이 직장을 그만두어야 했기 때문에, 당찬 성격의 '세티' 로라는 결혼에 대해 주저하는 마음이 클 수밖에 없었다. 존 록펠러는 재산이 조금씩 늘면서 시간에 여유가 생기자, 세티의 퇴근길에 집까지 바래다주면서 그녀를 챙기기 시작했다. 록펠러는 당시 로라의 제자였던 존 그린이라는 흑인 노예 출신 학생에게 유럽 여행을 다녀올 수 있도록 자금을 대 주기도 했는데, 그는 훗날 오하이오 최초의 흑인 상원 의원이 되었다.

클리블랜드에서 젊은 사업가로 널리 알려지기 시작할 무렵인 1864년 3월쯤, 록펠러는 로라에게 청혼했다. 둘의 나이는 스물다섯 살이었는데, 당시 기준으로는 다소 늦은 결혼이었다. 놀랄 만한 사실은, 록펠러가 무려 118달러짜리 다이아몬드 약혼반지를 사서 선물했다는 것이다. 로라는 청혼을 승낙했고, 6개월 후인 9월 8일 스펠먼의 집 거실에서 양가 가족들이 참석한 가운데 간소한 결혼식을 치렀다. 록펠러는 침례교, 로라는 조합 교회로 교파가 달랐기 때문에, 이들이 다니던 두 교회의 목사가 함께 결혼식을 집례했다.

하지만 록펠러는 약혼 때와 달리 결혼반지에는 15.75달러만을 썼다. 이러한 내용은 록펠러의 장부 B에 '잡비'로 기록되었다. 사람들은 록펠러가 로라의 집안사람들에게 경제적 능력을 증명하기 위해 평소 모습과 어울리지 않는 비싼 약혼반지를 사 주었을 거라고 추측했다. 록펠러는 결혼식 당일에도 평소처럼 사무실에 출근해 오전 내내 일한 다음, 직원들 26명 모두에게 특별 점심 식사를 제공했다.

그리고 그날로 신혼여행을 떠나 정확히 한 달 후인 10월 8일 돌아왔다. 부부가 된 두 사람은 나이아가라 폭포와 몬트리올, 뉴햄프셔 주의 워싱턴 산, 뉴욕 등지를 다녔고, 돌아오는 길에 로라가 1년간 수학했던 오리애드 전문학교에 들러 새로 부임한 소피아 B. 패커드, 해리엇 E. 자일스 등의 교사들을 만났다. 록펠러는 평소와 달리, 한 달간의 여정에서 지출했던 돈의 액수와 품목을 '경비 490달러'로 장부에 간단히 적었다.

록펠러는 신혼여행을 끝내고 돌아온 첫 주일에 아내와 함께 이리 스트리트 교회에서 예배를 드렸다. 로라는 조합 교회 출신이지만, 남편을 따라 침례교회로 옮긴 것이었다. 그리고 다음 날 월요일이 되자 록펠러는 평소처럼 일찍 출근했다.

록펠러는 아내 로라에 대해 이렇게 말했다.

"로라는 언제나 저보다 판단력이 뛰어났으며, 대단히 현명한 여성이었습니다. 그녀의 예리한 충고가 아니었다면 저는 결코 이처럼 부자가 되지 못했을 것입니다."

로라는 검소했고, 록펠러처럼 '겉치레'를 싫어했다. 그녀는 "젊은 여성은 옷장에 드레스 두 벌만 있으면 된다"고 말할 정도였는데, 사람들은 그녀를 록펠러보다 더한 '구두쇠'라고 했다. 록펠러의 사업이 계속 번창해 집안이 부유해졌지만, 로라는 대부분의 집안일을 직접 했고 하인을 두지 않았다. 그리고 록펠러와 그의 어머니 엘리자처럼 낭비를 싫어했고 철저한 계획을 세워 시간을 활용했다.

'존 주니어'의 탄생

록펠러 부부는 결혼한 지 2년 만인 1866년에 딸을 낳았다. 첫 아이의 이름은 엘리자베스라고 지었는데, '베시'라는 애칭으로 불렸다. 그리고 3년 후 둘째 딸 앨리스를 낳았지만 돌을 갓 넘기고 병으로 세상을 떠났다. 이후 셋째 딸 앨타가 1871년, 넷째 딸 에디스가 1872년에 각각 태어났다. 클리블랜드 최초의 여성 의사였던 선구적인 내과 의사 마이라 헤릭 박사가 로라의 출산을 도왔다.

아내를 깊이 사랑했던 록펠러는 세티가 첫 출산 후 몸이 아파 교회에 갈 수 없게 되자, 설교 말씀을 적어 두었다가 집으로 돌아가 아내에게 읽어 주는 다정한 남편이었다. 퇴근할 때마다 록펠러는 로라의 이마에 입을 맞추었고, 밥을 먹을 때도 아내와 이야기하면서 손을 잡아 주었다. 둘은 다투는 일도 거의 없었다.

그리고 1874년, 결혼한 지 10년 만에 드디어 기다리던 아들이 태어났다. 장남에게는 아버지를 따라 '존'이라는 이름이 붙었고, 존 주니어로 불렸다. 이렇게 네 자녀들과 결혼하지 않은 로라의 언니 루시까지 록펠러 가족과 함께 살았다.

이 무렵 많은 돈을 벌어 사회적 지위까지 높아진 록펠러는 신혼집이 있던 체셔 가街를 떠나 '백만장자들의 거리'이자 '세상에서 가장 아름다운 거리'로 불렸던 유클리드 가 424번지의 튼튼한 벽돌집으로 이사했다. 유클리드 가는 빅토리아풍으로 웅장하게 펼쳐져 있었고, 멋진 말과 마차가 가득했다. 록펠러는 집 뒤에 집보다 멋진 석조 마구간 겸 마차 차고를 지었다.

록펠러는 자녀 양육에도 적극적이었다. 그 시대 일반 가장들과 달리, 록펠러 부부는 '평등한 부부'를 지향했기 때문이다. 그는 집에서 낮잠을 자다가도 아이들 울음소리가 들리면 벌떡 일어나 아기를 안고 달랬다. 록펠러는 사업에서와 같이 아이들을 대할 때도 인내심을 가졌고, 좀처럼 화를 내거나 심한 말을 하지 않았다.

아버지가 된 록펠러는 가정에 매우 충실했고, 사업가였지만 술과 담배를 가까이하지 않았다. 가정에 충실하지 않았던 아버지 '빅 빌'의 모습을 보면서 자란 록펠러는 일찍부터 의젓한 아버지가 되려고 노력했다.

록펠러 부부는 신앙을 원칙으로 당시 교회에서 금하던 문화생활은 철저히 멀리했다. 그래서 교향악 연주회는 즐겨 찾았지만 연극이나 오페라를 선정적으로 생각해 가지 않았다. 사교 모임에도 거의 나가지 않았고, 클럽이나 디너파티에는 절대 가지 않았다. 대신 온화하고 훈계적인 목회자들과 자주 어울렸다. 일을 열심히 했지만, 가정에도 소홀하지 않았던 '이상적인' 가장이었다.

신앙을 가르치다

록펠러는 자신의 아버지가 그랬던 것처럼 아이들과 친구가 되어 주었다. 사업에선 '냉혈한'이라는 소리까지 듣는 인물이었지만, 가정에서는 그저 한없이 자상한 '아빠'였다. 아이들을 등에 태우고 바닥을 기어 다니며 껄껄 웃었고, 아이들과 술래잡기를 하면서 속임수를 써서 이기면 기쁨의 함성을 질렀다. 또 아이들을 둘러앉혀 놓고 동화를 들려주었다. 아이들에게 노 젓는 법과 수영, 스케이트와 승마 등을 직접 가르쳐 주었고, 달밤에 아이들과 함께 언덕으로 올라가 자전거를 타기도 했다.

록펠러 부부는 함께 피아노를 연주했는데, 자녀들에게도 악기를 하나씩 배우게 해 큰딸 베시는 바이올린, 앨타는 피아노, 에디스는 첼로, 존 주니어는 바이올린을 각각 연습했다. 집 안에서 모차르트나 베토벤의 현악 4중주가 가능할 정도였다. 하지만 가족들만 있으면 거리낌 없이 '망가졌던' 록펠러의 모습을 알지 못하는 사람들은, 록펠러의 집안 분위기가 우울하고 침체되어 있다고 느끼기도 했다.

록펠러는 자녀들을 평범하게 키우고 싶어 했고, '부잣집 도련님'이 아니라 남들과 똑같이 경쟁하면서 자립심을 키워야 한다고 생각했다. 그래서 자신이 부자라는 사실을 알리지 않앉고, 아이들도 어른이 되기 전까지 아버지가 '백만장자'라는 것을 몰랐다. 그리고 록펠러는 '절약'도 강조했다.

록펠러의 아이들은 용돈을 받기 위해 집안일을 열심히 했다. 꽃병을 수리하면 1달러, 연필을 깎으면 10센트, 악기 연습을 하면 시간당 5센트, 파리를 잡으면 2센트, 사탕을 하루 종일 먹지 않고 참으면 2센트를 받을 수 있었다. 유일한 남성이었던 존 주니어는 장작을 패면 시간당 15센트, 산책로를 관리하면 일당으로 10센트를 받았다. 록펠러는 자신의 어머니가 그러했듯이 용돈 중 20센트는 반드시 교회에 가서 헌금하도록 시켰다.

이리 스트리트 침례교회는 록펠러의 도움으로 록펠러와 함께 유클리드 가로 이사 와 '유클리드 애버뉴 침례교회'가 되었다. 록펠러는 주일이면 가족들을 마차에 태우고 교회에 갔다. 그는 아이들과 주일 예배와 주일 학교, 오후 기도회와 저녁 찬송까지 함께했다. 록펠러의 가정은 교회에서 모범적으로 손꼽혔다. 집으로 돌아와서는 한 주일 동안 있었던 일을 이야기하며 각자의 잘못을 회개하는 '가족회의'를 한 시간 동안 진행했다. 네 명의 자녀들은 자신의 잘못을 이야기하고, 다음 주에는 이러한 죄악에 빠지지 않게 해 달라고 기도했다.

주중에도 매일 아침 식사 전에는 록펠러가 가족들의 기도를 직접 주재했고, 잠자리에 들기 전 기도문을 암송하게 하는 것은 아내 로라의 몫이었다. 록펠러의 가족들은 돌아가면서 성경 구절을 암송했는데, 어려운 구절은 록펠러 부부가 설명해 주었다. 록펠러는 아이들에게 늘 기도할 것을 강조했으며, 특히 금요일 밤 기도회에는 꼭 참석하도록 했다.

Chapter
03

석유왕 록펠러

03

작은원 둘레터

본격적인 사업

록펠러가 사업을 시작할 무렵, 클리블랜드 근처의 펜실베이니아에서 대규모 유정(油井)이 발견되었다. 록펠러는 펜실베이니아의 석유를 가리켜 "이 거대한 부의 저장고야말로 위대한 창조주가 주신 커다란 선물이었다"고 했다.

겸손한 사업가

농산물을 비롯해 각종 물품을 운송하던 록펠러와 동업자 클라크는 '핫 아이콘'으로 떠오른 석유에도 관심을 보였다. 당시는 처음으로 석유를 대규모로 지하에서 뽑아 올리는 '시추' 기술이 성공하면서 '오일 러시'가 일어나기 시작하던 때였다. 이전에는 값비싼 고래기름으로 등불을 밝혀야 해서 가난한 사람들은 밤에 아무 일도 할 수 없었는데, 석유가 이를 대체하기 시작했다.

이제 '골드 러시'처럼 '오일 러시'가 일어나기 시작했다. 유전油田에는 사람들이 끊임없이 몰려들었고, 그들을 따라 술집과 성매매 업소까지 곳곳에 생겨났다. 유전 지역에서 솟아오르는 불꽃과 땅을 더럽히는 검은 기름까지 어우러지면서, 사람들은 이곳을 '석유에 흠뻑 취한 소돔과 고모라'라고 수군댔다. 록펠러는 현장주의자였지만, '석유에 취한 고모라'의 타락한 모습 때문에 유전을 자주 찾지는 않았다.

록펠러가 석유 사업에 본격 진출한 것은 클라크의 친구 새뮤얼 앤드루스 덕분이었다. 클라크의 고향인 윌트셔 출신 영국인이었던 앤드루스는 독학으로 화학을 공부한 기계공이었다. 그는 1860년 펜실베이니아에서 원유 10배럴을 받아다가 클리블랜드 최초로 등유를 정제하는 데 성공한 인물이기도 했다. 앤드루스는 등유가 다른 기름보다 더 밝으며 잘 팔릴 것이라 확신했다. 그래서 돼지기름 정제소 일을 그만두고 이 같은 확신에 '기름'을 부어 줄 후원자를 찾아다녔는데, 종종 클라크의 사무실에 들렀다. 록펠러도 앤드루스와 이리 스트리트 교회에서 이미 몇 차례 만난 사이인 터라 둘은 사무실에서 정유 사업에 대한 의견을 나누었다.

사업을 통해 조금씩 부를 축적하고 있던 록펠러는 앤드루스의 말에 솔깃했고, 동업자였던 클라크를 설득해 4000달러를 보증해 주었다. 그 돈은 록펠러와 클라크에게 적지 않은 액수였다. 이러한 과정을 거쳐, 1863년 8000달러 규모의 정유 회사가 설립되었다. 당시 록펠러에게 주업은 농산물 등을 중개하는 생필품 매매업이었고, 정유 사업은 부업에 불과했다. 클리블랜드에만 정유소가 20개나 생겨났기 때문이다. '클라크앤드앤드루스'의 공장 이름은 '더 높이'라는 의미를 담은 '액셀시어워크스'였고, 쿠야호가 강을 낀 클리블랜드 외곽 지역 창고에 있었다.

부업 정도로 조심스럽게 시작했지만, 록펠러는 무엇이든 적당히 하는 법이 없었다. 그는 새롭게 시작한 정유 사업에 몰두한 나머지, 집에 가서도 그 생각뿐이었다. 아직 결혼 전이라 동생 윌리엄과 한방을 쓰던 록펠러는 한밤중 깊이 잠든 동생을 깨워 자신의 사업 구상에 대한 의견을 묻기도 했다. 윌리엄은 "잠 좀 자자. 아침에 얘기해" 하며 투덜거렸다. 동업 관계였던 클라크와 앤드루스는 아침 식사를 하고 있는 록펠러의 집으로 찾아왔고, 그들은 함께 출근하면서 내내 석유 이야기를 나누었다.

록펠러는 이번에도 솔선수범의 모습을 보였다. 그는 아직 해가 뜨지도 않은 새벽, 석유통 제작소로 가서 통을 나르거나 대팻밥을 치웠다. 록펠러는 현장을 직접 찾아가 경험하면서 개선할 점을 찾거나 사업 아이디어를 구상하는 CEO였다. 석유를 정제하면서 황산 찌꺼기가 남는 모습을 보며 그것을 비료로 전환할 계획을 세우기도 했고, 다른 부산물들로 벤진과 파라핀, 바셀린 등을 만들어 팔면서 또 다른 시장을 창출했다. 배관공과 석유통 제조 업자 등 필요한 전문 인력도 직접 채용해 함께 일했다.

정제하기 전 기름이 나오는 유전을 직접 답사한 적도 있었다. 록펠러는 말을 타고 타이터스빌의 석유 생산 업자 프랭클린 브리드의 유전을 찾아가 직접 협상을 진행했다. 그는 거기서 약 2미터 폭의 석유 침전물이 섞인 강을 통나무로 건너다 발을 헛디뎌 미끄러지자 씨익 웃으며 말했다.

"브리드 씨, 저를 머리 꼭대기까지 석유 사업에 처박으시는군요."

록펠러는 '자수성가형'답게 사업 단계에서 필요한 물건들의 조달이 힘들어지면 직접 만들어 냈다. 오늘날 재벌들이 하청 업체를 운영하는 형태와 비슷했다. 정유 사업을 하면서 석유통 부족에 시달리자, 고민 끝에 이를 직접 제작하기로 결심하고 조잡하지 않은 튼튼한 기름통을 만들기 위해 흰 떡갈나무 숲을 사들였다. 덕분에 이전에는 소규모 기름통 업자들로부터 최대 2달러 50센트까지 내고 석유통을 구입해야 했는데 자체 조달이 시작되고부터 기름통에 드는 비용은 개당 1달러

미만으로 감소했다. 다른 제조 업자들의 경우 목재를 구입해 가게까지 운송해야 했지만, 그는 숲에서 떡갈나무를 베어 가마에 넣고 건조시켜 무게를 줄였기 때문이다.

또 록펠러는 겸손한 태도로 무엇이든 배우려 했다. 말을 많이 하기보다는 사람들이 말하는 것을 들으려 했다. 이에 대해서는 이렇게 말했다.

"정작 중요한 것은 자신이 이미 알고 있는 것이 아니라, 다른 사람들이 한 말을 기억하는 것입니다."

록펠러가 석유 시추 사업이 아닌 정유 사업을 택한 것도 이렇듯 많은 정보를 듣고 종합한 결과였다. 막 석유가 발견돼 지하 깊은 곳에서부터 뿜어 나오던 당시에는 이 '검은 액체'의 가까운 미래조차 예상할 수 없었다. 그래서 많은 사람들이 '모 아니면 도'라는 심정으로 일확천금을 노리듯 석유 시추에 매달렸다. 그것은 모험이었다. 석유 시추로 많은 백만장자들이 탄생했지만, 거기에 전 재산을 걸었다 아무것도 나오지 않으면 노숙자가 되기 때문이었다.

록펠러는 시추 사업을 다소 불확실한 것으로 판단하고, 비교적 안전하고 어느 정도 예상이 가능한 정유업에 뛰어들었다. 더구나 교통수단이 지금처럼 '사통팔달'이 아니었기 때문에 유통 과정에서 얼마든지 '장난'을 칠 수 있었다. 실제로 록펠러가 정유업에 뛰어들 무렵, 석유는 공급 과잉으로 가격이 생산 원가에도 미치지 못한 적도 있었고, 공급량이 부족해 하늘 모르고 가격이 치솟던 때도 있었다. 매장량도 어느 정도인지 알 수 없어, 시추 업자들은 언제까지 석유가 나올 수 있을지 매일 가슴을 졸여야 했다.

동업자 클라크

사업은 조금씩 성장하고 있었지만, 동업자 관계였던 록펠러와 클라크의 사이는 조금씩 나빠지고 있었다. 록펠러보다 열 살 많았던 클라크는 록펠러를 계산 능력과 암기력만 뛰어난 '애송이'로 보았다. 클라크는 록펠러의 10대 시절부터 함께했기 때문에 성실하고 묵묵한 그를 얕보며, 고지식하다고 생각했다.

특히 투자 문제로 모리스 클라크의 동생 제임스 클라크가 사업에 참여하면서 둘 사이는 더 나빠졌다. 권투 선수 출신인 제임스는 종종 약한 사람들을 괴롭혔는데, 그는 록펠러에게도 기 싸움을 걸어왔다. 록펠러의 사무실 문을 밀치고 들어오더니 다짜고짜 욕설을 퍼부었던 것이다. 하지만 록펠러는 침착하게 말했다.

"당신이 내 머리를 칠 수는 있겠지만, 나를 겁줄 순 없다는 걸 알았으면 좋겠네요."

제임스는 젊은 청년 록펠러의 이 같은 태도에 놀라 다시는 그를 함부로 대하지 못했는데, 록펠러가 제임스의 석유 사업 과정 뒷거래 사실을 추가로 알게 되면서 둘 사이는 더욱 나빠졌다. 록펠러는 이 같은 사실에 충격을 받은 나머지 클라크 형제의 지출 내역을 꼼꼼히 따지기 시작했고, 형제는 이런 록펠러가 '주일 학교 교장 선생님' 같다며 못마땅해했다. 이들 형제는 교회를 다니지도 않았고, 도박에도 손을 대면서 평판이 좋지 않았다. 록펠러는 은행에서 대출이 어려워질 수 있다며 이들의 도박 사실도 우려했다.

석유 사업에 대한 견해도 저마다 달랐다. 기술자인 앤드루스와 회계를 맡은 록펠러는 정유 사업의 미래를 낙관하여 석유 가격이 요동치는 가운데서도 꾸준히 은행에서 돈을 빌려 사업을 확장하려고 했다. 하지만 클라크는 좀 더 신중해야 한다며 맞섰다. 록펠러가 정유 사업 확장을 위해 은행에서 10만 달러를 빌렸을 때, 갈등은 최고조에 달했다. 클라크는 평소 검소한 생활을 하면서도 사업에 있어서만은 무모할 정도로 모든 걸 거는 자세로 임하는 록펠러의 방식을 마음에 들어 하지 않았다.

그러던 1865년 1월, 피트홀 크리크에서 대규모 유전이 발견되면서 사태는 걷잡을 수 없이 커졌다. 부업처럼 시작한 석유 사업도 2년 남짓, 록펠러는 드디어 석유 사업의 미래에 일종의 확신을 품었다. '간 보기'를 끝내고 '검은 액체'에 본격적으로 뛰어들 때가 되었다고 판단한 것이다. 이 같은 유전이 계속 발견되리라는 희망 섞인 비전 속에 록펠러는 또다시 사업 확장을 결심하고, 클라크에게 대출 서류에 서명해 줄 것을 부탁했다. 하지만 클라크는 대출이 너무 많아졌다며 주저했고, 계속 이런 식이면 더 이상 동업을 지속할 수 없다고 이야기했다.

사실 록펠러에게는 듣던 중 반가운 소리였다. 그는 클라크 형제에게서 벗어나 홀로 석유 사업에만 열중할 기회를 엿보고 있던 터였다. 이제 스물다섯 살에 불과해 지금으로 보면 경험이 부족한 '청년 벤처 사업가'이지만, 10대 후반부터 사업을 했던 그는 결코 '애송이'가 아니었다. 그는 다른 동업자였던 석유 기술자 앤드루스를 찾아갔다. 동업 관계를 끝내려면 모든 동업자들의 동의가 필요하기 때문이었다.

"우리 앞에는 커다란 미래가 펼쳐져 있다고 생각합니다. 하지만 클라크 때문에 앞으로 나아가질 못하고 있어요. 그는 부도덕한 데다 도박꾼 아닙니까? 이번에 저에게 클라크 형제가 동업 관계를 끝내자고 했는데, 다음에 또 이 같은 말을 한다면 그들에게 돈 몇 푼을 쥐어 준 다음 손을 떼도록 하는 게 어떨까요?"

"저는 록펠러 당신의 말대로 하겠습니다."

이들은 결의의 악수를 나눴다. 그리고 록펠러는 마음 맞는 은행가들을 찾아가 향후 투자를 약속받는 등 계획을 하나하나 실행에 옮겼다.

몇 주 후, 클라크는 다시 록펠러와 말다툼을 벌이다 동업 관계를 끝내겠다고 협박했다. 클라크는 "그런 사업을 계속하고 싶다면, 우리는 헤어지는 편이 낫겠어"라며 경고했다. 이에 록펠러는 2월 1일 동업자 모두를 집으로 초대하는 승부수를 걸었다. 그는 클라크가 반대할 게 뻔한 상황에서 정유 사업 확장을 또다시 열성적으로 부르짖었다. 예상대로 클라크가 동업 관계를 청산하겠다고 위협했을 때 록펠러는 말했다.

"그래요, 이제 동업을 마무리 짓는 게 좋겠어요."

계약대로 록펠러는 모두에게 공개적으로 결별을 원한다고 선언하게 했고, 클라크 형제는 위협에 성공했다고 생각하며 인사를 나눈 뒤 집으로 돌아갔다. 하지만 그것이 끝이 아니었다. 록펠러는 곧바로 언론사 '클리블랜드 리더'를 찾아가, 다음 날 아침 신문에 '클라크앤드록펠러'의 동업 관계가 끝났다는 공고를 내도록 했다.

다음 날 아침, 신문을 읽은 클라크 형제는 놀라지 않을 수 없었다. 클라크는 록펠러가 자신과 갈라서고 싶은지를 재차 확인한 뒤, 경매를 통해 최고가 입찰자에게 회사를 팔기로 합의했다.

인생이 결정된 날

경매가 시작됐다. 어린 시절부터 숱한 경험을 했던 록펠러는 20대 중반이 되면서 어느덧 어떤 위기 상황에도 평정심을 잃지 않는 탁월한 리더가 되어 있었다. 경매에 클라크가 변호사들과 함께 나온 반면, 록펠러는 혼자 나온 점만 봐도 이 같은 대담성을 알 수 있다.

변호사와 록펠러의 대결은 500달러부터 시작됐다. 초기 자본금만 8000달러였기 때문에 경매가는 금방 불어났다. 록펠러가 1000달러를 부른 이후 1만 달러까지는 순식간이었고, 경매가는 5만 달러까지 치솟았다.

"5만 5000달러."

"6만 달러."

"6만 2000달러."

"6만 5000달러."

"7만 달러."

어느덧 록펠러는 조금씩 진땀이 났다. 하지만 변호사는 다시 외쳤다.

"7만 2000달러."

록펠러는 곧바로 응수했다.

"7만 2500달러!"

그러자 클라크가 변호사의 입을 막으며 말했다.

"난 이제 더 이상 못하겠어. 이 회사는 자네 거야."

'록펠러앤드앤드루스'의 주인이 된 록펠러는 후일 이렇게 말했다.

"그날은 제 인생이 결정된 날이었습니다. 저는 그 순간이 얼마나 중요한지 충분히 느낄 수 있었습니다. 하지만 저는 침착했답니다."

그가 클라크에게 주어야 할 돈은 경매가 7만 2500달러에, 사업 초기부터 해 오던 위탁 판매업 지분의 절반까지 넘기는 등 엄청났다. 하지만 그 대가로 그는 하루에 원유 500배럴을 처리할 수 있는 클리블랜드 최대의 정유소를 손에 넣었다. 이는 당시 세계적으로도 가장 큰 규모였으며, 경쟁 정유소의 두 배 크기였다. 2월 15일, 「클리블랜드 리더」에는 다시 이 같은 공고가 나붙었다.

'아래 서명자는 액셀시어오일워크스 및 석유통, 원유 등 기타 자산에 관련된 앤드루스클라크사의 모든 지분을 매입하여 록펠러앤드앤드루스라는 상호로 운영합니다.'

보름 후인 3월 2일에는 클라크앤드록펠러도 해체하면서, 록펠러에게는 본격적인 '석유의 시대'가 열렸다.

그럼에도 불구하고

한창 꿈을 키워 가던 록펠러에게 '탄탄대로'만 있었던 것은 아니었다. 앞서 언급했듯 그는 둘째 딸을 낳은 지 1년 만에 병으로 잃었고, 사업에서도 온갖 시련을 겪었다. 하지만 그는 기도로 어려움을 이겨 내는 신앙인이었다.

탄광의 기도

록펠러가 클라크 형제와 정유 사업을 함께하고 있을 때의 일이다. 1863년경, 록펠러는 정유업 외에 광산업에도 관심을 보이고 있었다. 그런 그에게 한 지인이 탄광을 인수해 보는 게 어떻겠느냐 물어 왔고, 그는 지인을 믿고 거금을 빌려 탄광을 인수했다.

그러나 '믿는 도끼에 발등을 찍히고' 말았다. 탄광에 가 보니 거의 폐광 수준의 쓸모없는 광산이었던 것이다. 캐고 캐고 또 캤지만 광산에서는 금이나 쇠 등 쓸모 있는 광물은커녕 돌덩어리뿐이었다. 석유 사업에 이미 많은 투자를 해 놓은 터라 여유 자금이 없는 상태에서 자금 압박이 들어오기 시작했다.

광부들은 록펠러가 임금을 제때 주지 못하자 동요하기 시작했다. 결국 삽과 망치를 놓은 채 한데 뭉쳐 밀린 품삯을 달라며 소리치기 시작했고, 이를 수습하기 위해 찾아온 록펠러를 탄광 안에 가두기까지 했다. 록펠러에게 이처럼 난감했던 적은 처음이었다. 너무 괴로웠던 그는 처음으로 '자살'까지 생각할 정도에 이르렀다.

남은 것은 한 가지 방법밖에 없었다. 결국 그는 탄광 깊숙한 곳에 엎드려 하나님께 간구했다.

"주님, 저는 이제까지 양심에 거리끼는 행동은 한 번도 해 보지 않았습니다. 그런데 왜 이렇게까지 험한 시련을 주십니까? 하나님 말씀을 늘 지키고자 노력했고, 어려운 가운데서도 소득의 십일조를 드렸습니다. 저를 불쌍히 여기셔서 부디 역사하여 주시옵소서!"

록펠러는 대성통곡하며 한참 동안 하나님께 부르짖었다. 그러다 쓰러졌는데, 갑자기 길을 걷고 있는 자신의 모습이 보였다. 무척이나 험해 보이는 길이었고, 그는 더 이상 걸을 수 없을 정도로 지쳐 있었다. 그렇게 걷다 길 한 켠에 쓰러지려는 그에게 누군가 다가왔다. 그러고는 넘어지던 그를 잡아 일으켜 세웠다. 하지만 그렇게 일어선 것도 잠시, 이번에는 앞으로 넘어가고 있었다. 그때 다시 또 다른 커다란 손이 다가와 록펠러를 붙잡았다. 그렇게 그 험한 길을 걷고 걸어, 목적지에 다다르자 그 손은 그를 부드럽게 쓰다듬었다.

갑자기 정신을 차린 록펠러는 어떻게 된 일인지 주위를 살폈지만, 여전히 그는 탄광에 있었다. 꿈을 꾼 것일까 생각하는 순간, 엎어져 있는 그에게 아까의 그 커다란 손이 느껴졌다. 그리고 이렇게 말하는 소리가 들렸다.

"네가 갈 곳에 이미 이르렀다. 때가 되면 열매를 거두는 법, 더 깊이 파 보아라."

절망 속에 있던 록펠러는 생명과도 같은 음성을 듣고 소스라치게 놀랐다. 그리고 기운을 되찾아 탄광 안에 자신을 가둔 광부들에게 소리치기 시작했다.

"여러분, 저는 지금 하나님께 기도드렸고 응답을 받았습니다. 하나님께서는 저희들을 버리지 않으실 것입니다. 우리 함께 조금만 더 깊이 파 봅시다. 그러면 우리가 원하는 것들이 나오리라 믿습니다."

광부들은 "록펠러가 미쳐서 헛소리를 한다"고 수군거리면서 욕을 했다. 하지만 몇몇 광부는 지푸라기라도 잡으려는 심정과 록펠러가 불쌍하다는 생각에 다시 삽을 들었다. 땅을 파 내려가기 시작한 지 얼마 후, 갑자기 무언가 터져 나오는 느낌이 들었다. 광부들 사이에서 웅성거리는 소리가 들리더니, 그 소리는 이내 환호성으로 바뀌었다. 광산에서 나온 물체는 금이나 석탄이 아니었다. 대신 록펠러에게는 더 값진 석유였다. 간절한 기도를 통해 기적을 이뤄 낸 록펠러는 다시 한 번 감사의 기도를 드렸다.

"주님, 저의 기도를 들어주셔서 감사드립니다. 평생 이 은혜를 잊지 않고 살겠습니다."

기적과 은혜

록펠러는 어머니의 가르침에 따라 아침저녁으로 기도하는 '거룩한 습관'이 있었다. 주위 사람들은 이 같은 그의 기도 습관 때문에 일어났던 일들을 신기해했다.

한번은 업무차 프랭클린으로 가서 익스체인지 호텔에 머무르고 있었다. 그는 빵과 우유로 저녁 식사를 때우며 석유통을 싣는 인부들을 도왔다. 그러던 중, 강력한 허리케인이 미국 대륙을 강타한다는 소식이 들어왔다. 정유 업자들은 곧 다가올 허리케인으로부터 석유통을 안전한 곳으로 옮기기 위해 갖은 노력을 다했지만, 결코 쉽지 않은 일이었다.

마침 그날은 주일이었는데, 클리블랜드에서 가장 큰 정유업자였던 록펠러는 허리케인이 오는 것을 아는지 모르는지 평소처럼 교회로 향하던 중이었다. 현장에서 직원 하나가 달려와 강물이 무섭게 불어나고 있어 그대로 두면 석유통들이 모두 휩쓸려 갈 수 있다고 보고했지만, 그는 예배를 드리러 교회에 가야 하기 때문에 그리로 갈 수는 없다고 했다.

대신 그는 교회에서 간절히 기도했다.

"사랑이 많으신 주님, 저희의 석유통들을 안전하게 지켜 주시옵소서. 저희 회사를 살려 주시옵소서!"

하나님은 이번에도 그의 기도를 들어주셨다. 허리케인과 홍수로 인해 많은 피해가 있었지만, 록펠러 회사의 석유통들만 온전히 살아남았던 것이다.

이쯤 되자 주변 사람들은 록펠러가 하나님으로부터 특별한 능력을 받은 게 아닌가 생각하기 시작했다. 그래서 그의 회사 직원은 이렇게 말하기도 했다.

"우리 사장님에겐 남들이 보지 못하는 것을 볼 수 있는 능력이 있습니다."

사업가였던 동생 윌리엄도 록펠러에게 농담 반 진담 반으로 이렇게 말했다.

"형, 이제 비가 그만 오게 해 달라고 하나님께 기도해 주세요. 형이 기도하면 안 되는 일이 없던데."

정유 사업 종사자들은 당시 화재의 '공포'에 시달리고 있었다. 정유를 하다 증기 때문에 석유에 불이 붙으면 모든 것이 잿더미가 되어 버리기 때문이다. 뿐만 아니라 일하던 사람들도 목숨을 잃기 일쑤였다. 정유 업계 사람들은 이런 걱정으로 늘 밤을 새웠고, 현장 관리에 만전을 기했다. 록펠러도 화재 경보가 울릴 때를 대비해 소방차와 말 등 만반의 준비를 갖춰 놓았지만, 무엇보다 하나님께 의지하고 기도하는 것이 최우선 방법이었다.

이런 일도 있었다. 록펠러는 크리스마스를 맞아 뉴욕으로 갈 예정이었다. 아내와 큰딸을 데리고 뉴욕에 가기 전, 미리 짐을 역으로 보내 놓았다. 그런데 갑자기 집안에 일이 생겨 아내와 큰딸이 출발하지 못하게 되었다. 그래서 록펠러도 가족들을 기다리다 혼자 역으로 향했는데, 기차는 이미 떠난 후라 할 수 없이 다음 기차를 타고 혼자 뉴욕으로 떠났다.

그런데 알고 보니, 앞서 출발한 기차에서 불이 났다는 소식이 들려왔다. 록펠러가 부친 짐도 모두 불타 버리고 말았다. 하지만 그와 가족들은 목숨을 건졌다. 그는 이조차 '하나님의 도우심'이라며 감사 기도를 드렸다.

그리고 뉴욕에 도착하자 아내에게 다음과 같이 감사의 편지를 썼다.

사랑하는 아내에게.

어제 오후 4시 뉴욕에 도착했어요. 윌앤드미라를 방문해 즐거운 시간을 보냈지요.

그런데 옷과 세면도구를 새로 사야 했어요. 왜냐하면 앞서 짐을 보낸 기차가 불타 버렸기 때문이에요. 그래서 당신에게 주려던 크리스마스 선물도 모두 사라져 버렸죠. 사람들은 내가 그 기차를 타지 않은 것이 천만다행이라고들 해요. 정말 기적 같은 일이라고요. 저도 이번 일을 하나님의 크신 은혜라고 생각해요.

편지로는 다 말할 수 없는 사연들이에요. 돌아가면 당신을 만나 이 이야기들을 나눌 수 있겠군요. 식구들은 모두 잘 있죠?

가족들과 저녁 식사를 함께하고 싶어요.

18일 오후 6시 옹골라에서 전보를 쳤어요. 당신과 베시가 집에 있었다는 게 정말 다행스러워요. 당신이 제시간에 역에 도착했더라면, 우리는 불에 탄 그 기차 안에 있었을 거 아니에요……. 생각만 해도 끔찍합니다. 정말 감사한 일이 아닐 수 없어요.

'석유의 시대'

록펠러가 동업을 끝내고 본격적으로 석유 사업을 시작할 무렵, 노예 해방을 놓고 시작된 남북 전쟁도 4년 만에 마무리되고 있었다. 1865년 남부는 최종 항복을 선언했고, 미국 경제는 전후 복구와 함께 엄청난 성장을 했다. 특히 석유 산업은 '황금 알을 낳는 거위'였다.

계속된 투자

새로운 회사 '록펠러앤드앤드루스'는 창업 9개월 만인 1865년 12월 두 번째 정유 회사인 '스탠더드워크스'를 세우고, 록펠러의 동생 윌리엄을 대표로 앉혔다. 때문에 '윌리엄록펠러 상회'라 불리기도 했다. 유능하고 신뢰할 만했던 윌리엄은 형

록펠러의 추천으로 휴잇앤터틀에서 장부 계원으로 함께 일하다가, 형이 떠난 후 인근 제분 업자에게 발탁되어 농산물 위탁 매매 회사 '휴스데이비스앤드록펠러'에서 일하게 되었고, 형처럼 1년 만에 동업자 위치에 올랐다. 윌리엄은 뉴욕으로 파견되어 수출 가격의 동태를 파악하는 임무와, 클리블랜드의 빈약한 은행들 대신 '월 스트리트'로 대변되는 금융가들로부터 대규모 자본을 유치하는 일을 맡았다.

록펠러가家는 이제 '액셀시어워크스'와 '스탠더드워크스' 등 두 개의 정유 회사를 가진 석유 정유 업계의 대표 주자가 되었다. 하지만 그는 10대 시절처럼 여전히 성실하고 꼼꼼했으며, 신앙심이 투철했다. 특히 그는 절대 거짓말을 하지 않았고, 어떠한 문제든 자기 입장을 표명했으며, 아버지의 가르침에 따라 대출을 신속히 갚는 데 전력을 다했다.

이 같은 그의 사생활과 경영 방식은 그가 사는 클리블랜드의 은행가들로부터 '믿을 만한 사람'이라는 이미지를 심어 주어 필요한 자금을 마련하는 데도 도움이 되었다. 특히 젊고 과감하고 신중하면서도 유머 감각을 발휘하던 그는 지역 상업계의 떠오르는 '스타 경영인'이 되고 있었다. 그리고 아첨을 싫어했기 때문에, 그 자신도 돈을 빌리기 위해 아부하는 행동은 절대 하지 않았다. 그리고 항상 노트를 들고 다니면서 수시로 자세한 수치를 기록하고 새로 떠오른 아이디어를 기록하는 등 메모하는 습관을 잊지 않았다. 이를 통해 지시하고, 지시 사항을 확인했다.

은행가들의 든든한 후원에 힘입어 록펠러는 공격적인 경영을 지속하면서 사업체를 늘려 갔다. 그는 회사의 이윤을 다시 정유 사업에 투자했고, 인근의 정유 회사들을 속속 인수해 나갔다.

헨리 플래글러

이 무렵 록펠러는 자신보다 아홉 살 많은 헨리 모리슨 플래글러를 만났다. 1830년 가난한 장로교 목사의 아들로 태어난 플래글러는 정열적이고 재미있는 성격에 활발하고 말을 잘하는 사람이었다. 그는 열네 살에 학업을 중단하고 오하이오 주의 작은 시골 잡화점에서 일하기 시작하는 등 록펠러와 성장 과정과 신앙이 비슷했다. 플래글러도 록펠러와 마찬가지로 주일 학교 교사로 봉사하고 있었다.

플래글러는 남북 전쟁 과정에서 곡물을 팔아 챙긴 돈으로 미시간 주 새기노로 가족들을 데려가 소금 회사에 투자했지만, 전쟁이 끝나면서 소금 수요가 떨어져 결국 회사가 파산하고 말았다. 그래서 1866년 클리블랜드로 다시 이사했는데, 그곳에서 록펠러가 떠난 클라크의 곡물 판매 회사로 들어갔다. 록펠러는 자신의 사무실 한구석을 플래글러에게 임대해 주었고, 출퇴근을 함께하면서 둘은 가까워졌다.

플래글러는 아내 집안이었던 클리블랜드의 최대 부호 하크니스가家를 록펠러에게 소개시켜 주었고, 대규모 자금이 필요했던 록펠러는 스티븐 하크니스에게 돈을 빌렸다. 하크니스는 사위인 플래글러와의 동업을 요구하면서 새로 설립할 회사의 자본금 3분의 1에 해당하는 10만 달러를 투자하기로 했다. 그렇게 해서 1867년 3월 4일, 「클리블랜드 리더」에는 다시 록펠러와 앤드루스 그리고 플래글러와의 새로운 동업 관계 공고가 실렸는데, 회사 이름은 '록펠러앤드앤드루스앤드플래글러'가 되었다.

록펠러는 플래글러와 함께하면서부터 클리블랜드의 정유공장을 세계 최고로 만들겠다는 꿈을 꾸기 시작했다. 둘의 생각이 비슷했기 때문이다. 플래글러는 늘 "나는 그런대로 만족했지만, 충분히 만족하지는 못했다"고 했다. 록펠러도 그런 플래글러에 대해 "항상 모든 문제에 적극적으로 임해 초창기 회사의 빠른 성장에 크게 기여했다"고 평가했다. 록펠러는 "사업을 토대로 우정을 쌓는 것이, 우정을 토대로 사업을 하는 것보다 낫다"는 플래글러의 말을 좋아했다. 평소 말수가 많지 않았던 록펠러도 마음이 맞는 플래글러와는 무슨 이야기든 자유롭게 나누었다. 플래글러 역시 록펠러처럼 주일을 뺀 엿새 동안 최선을 다해 일하며 간소하고 금욕적인 생활을 실천했다. 또 주일에는 교회에서 장로로 봉사했다.

'독점'에 눈뜨다

1868년, 록펠러의 정유 사업은 세계 최대 규모로 성장했다. 당시 그의 정유 사업은 클래블랜드의 다음 규모 정유 공장 세 개를 합친 것과 비슷했다.

당시 석유 관련 업계의 관건은 효과적인 '운송 루트 확보'에 있었다. 지금은 유조선이 있지만, 그때는 배로 운송하는 데 드는 비용이 비싸고 느렸기 때문에 말이나 마차, 철도 등을 이용해야 했다. 여름에는 운하로도 운송이 가능했다. 록펠러의 근거지였던 클리블랜드에서는 동부 항구까지 연결되는 철도가 세 개 있었는데, 그는 철도 회사에 휘둘리지 않고 이들 세 개 노선을 번갈아 이용하며 서로 경쟁시키는 전략적 경영 기법을 구사했다. 이는 그가 세계 최대의 정유 업자가 되었기 때문에 가능했던 일이다.

개설 초창기였던 철도 회사들도 다른 업체들 몰래 할인해주거나 철도 이용의 대가를 제공하는 등 고객 확보를 위해 치

열한 싸움을 벌였다. 세 개 노선 중 뉴욕 센트럴 철도의 주인은 철도 업계의 일인자였던 74세의 '제독' 코넬리어스 밴더빌트였다. 그는 록펠러에게 석유 운반 문제를 논의하자며 사무실에 오라고 불렀다. 록펠러는 밴더빌트보다 쉰다섯 살이나 어린 스물아홉에 불과했지만, 밴더빌트에게 자신의 명함을 보내면서 필요하면 당신이 찾아오라고 응수하는 당당함과 대담함을 보여 주기도 했다.

그해 봄, 록펠러는 다른 철도 노선인 이리 철도의 주인 제이 굴드와 만났다. 이때 제이 굴드는 록펠러와 플래글러에게 최초의 대형 파이프라인 설비 회사인 자회사 앨러게니 운송의 지분을 주기로 비밀리에 약속했다. 이 약속으로 클리블랜드 정유 업자들은 이리 철도를 이용할 경우 무려 75퍼센트를 할인받았다. 이와 별도로 플래글러는 이리 철도의 지선인 애틀랜틱앤드그레이트웨스턴 철도와의 거래를 성사시켜, 정유 공장이 있는 클리블랜드와 여러 유전들 간의 철도 수송비를 크게 낮추었다.

록펠러는 이에 대한 답례로 화재나 기타 사고에 대해 법적 책임을 온전히 감수하고, 운하를 통해 운송이 가능한 여름에도 철도 운송을 고수하겠다는 인센티브를 제공했다. 또 뉴욕 센트럴 철도 레이크 쇼어 노선의 부사장인 데버루에게는 인근의 정유 회사들과 함께 매일 화차 60대분의 석유를 운송한다는 계약을 맺어, 다른 정유 업자들까지 해당 철도 회사와 연결시켜 주었다. 이로써 록펠러는 철도 운송에서 특혜를 '강요'할 수 있는 위치에 올랐다.

이는 어떻게 보면 '몰아 주기'로, 지금과 비교해 볼 때 특혜 시비를 받을 수 있는 사안이었다. 실제로 이 일은 록펠러가 후에 극심한 비난을 받는 계기가 되었다. 특히 동업 관계를 갱신할 때마다 친절히 신문에 '공고'를 내던 것과 달리, 계약 사실을 누구에게도 알리지 않은 데다 계약서도 작성하지 않았기 때문이다. 록펠러는 이에 대해 "계약서를 쓰는 것이 최선은 아니고, 서로 믿고 윈윈할 수 있다면 한층 돈독한 관계가 될 수 있다"며 "철도 회사에서도 다른 업체들이 같은 할인율을 요구할까 봐 공개를 원하지 않았다"고 했다. 실제로 당시 많은 거래들이 문서화되지 않고 악수만으로 이루어지는 경우가 많았다.

그러나 일부러 계약서를 쓰지 않았다고 주장한 사람들도 적지 않았다. 이때부터 록펠러와 철도 회사의 거래, 즉 계약 대가로 사례금을 지급하는 '리베이트' 행위가 생겨났다고 보는 사람들이 있기 때문이다. 물론 록펠러는 이러한 주장에 펄쩍 뛴다. 3대 철도 회사 중 언급되지 않은 마지막 회사, 즉 클리블랜드 지역 석유 회사들을 괴롭혀 록펠러가 좋아하지 않았던 펜실베이니아 철도가 이미 수천 건의 리베이트를 제공했다는 것이다.

하지만 당시는 산업 초창기여서 그에 대한 개념이 자리 잡지 못했고, 관련 법령도 제대로 마련되지 못한 상태였다. 이와 관련해 록펠러도 "철도 회사들이 최대의 고정 거래를 따낸 것"이라며 "처음 철도 회사로부터 할인을 받았을 때는 너무 기뻤고, 매우 큰 승리였다"고 말했다. 록펠러는 이후 수십 년간 주요 철도들을 거의 무료로 이용했는데, 이를 범죄나 불법 행위 또는 특혜로 여기지는 않았다. '절약'하는 습관이 운송료를 깎는 형태로 나타났다고 주장했다. 그리고 철도 회사와의 약속을 지키기 위해 석유 값이 떨어졌을 때도 정유 공장을 전력 가동해 석유를 운송하는 대가를 치르기도 했다. 그러나 록펠러는 이처럼 낮은 철도 운송료를 유지하기 위해 지속적으로 로비를 벌이는 잘못도 저질렀다.

1887년 주간州間 통상법이 시행된 후에야 철도 회사의 리베이트 제공은 비로소 '옳지 않은 행위'로 인식되기 시작했다. 그리고 130년이 지난 오늘날에도 리베이트 관행은 완전히 뿌리 뽑히지 못하고 있다.

스탠더드오일

산업 기술이 점점 발전하면서 석유 가격은 차츰 내려가, 많은 사람들이 문명의 혜택을 입게 되었다. 하지만 석유 가격 하락은 록펠러 같은 석유 산업 종사자들에게는 분명 '좋지 않은 소식'이었다. 록펠러가 세계 최대의 정유 업자로 부상했을 때는 무분별한 원유 생산으로 원유와 정유의 가격 차이가 갈수록 줄어들어 석유 업계 전체가 위기에 놓여 있었다.

또다시 위기

록펠러는 어떤 상황에서도 낙담하기보다는 낙관했다. 하나님을 철저히 신뢰했던 그는 상황이 어려워진 이유들을 철저히 따져 가며 해결책을 모색하는 사람이었다. 분석 결과, 그는 원유부터 정유까지 석유 산업 전체를 하나로 묶어야겠다는 생각을 하게 된다. 원유 가격 등락에 따라 신속하게 관련 산업들이 대처할 수 있어야 했기 때문이었다. 그는 석유 산업의 가장 큰 문제를 '정유 산업의 지나친 발전'이라고 결론 내렸다. 1870년이 되면서 기술이 발전을 거듭해, 최대 정유 가능 용량이 시추 원유량의 세 배나 되었기 때문이다. 그로 인해 정유업자들이 원유 업자들을 상대로 한 '파멸적 경쟁'에 나섰다는 것이다.

그래서 고안해 낸 것이 바로 정유 업계의 대규모 '기업 연합'이었다. 쉽게 말해서 지금은 금지되어 있는 '카르텔'이다. 독일어 카르텔은 동일 업종의 기업들이 상호 간 가격이나 생산량 등의 경쟁 제한이나 완화를 목적으로 담합 또는 결합하는 형태의 경영 방식이다.

이를 실행하기 위해서는 또다시 많은 자금이 필요했다. '경쟁사'였던 수많은 정유소들을 매입하면서, 대규모 투자를 통해 누구도 감히 넘볼 수 없는 수준이 되어야 했기 때문이다. 이를 위해 외부 투자자들을 엄선하여 주식을 사고파는 합병 방식을 사용해야 했다.

스탠더드오일, 태어나다

이러한 과정을 통해 1870년 1월 10일, 록펠러앤드앤드루스앤드플래글러는 '스탠더드오일'이라는 이름으로 다시 태어났다. 록펠러는 스탠더드오일의 주식 1만 주 가운데 약 29퍼센트를 소유한 최대 주주로 사장이 되었고, 부사장은 동생 윌리엄, 사무관 겸 재무 담당관은 플래글러가 맡았다. '스탠더드'라는 이름에 담긴 의미는 당시 불순물이 많았던 등유와 달리 자신들의 정유 회사는 좋은 품질을 보장한다는 뜻이었다. 스탠더드오일은 초기 자본금이 무려 100만 달러였다. 그만큼 석유에 관련된 모든 산업을 아우르려는 의지가 강했다.

스탠더드오일은 미국 최초로 중역 회의 제도를 실시했는데, 소수 임원들이 여러 명의 이사들 대신 회사의 주요 사항을 결정하는 방식이었다. 또 중역들은 회사가 흑자를 냈을 때만 월급을 받았다.

그러나 록펠러는 이 시기에 실의에 빠져 있었다. 등유 가격이 25퍼센트나 더 내려갔기 때문이다. 그 상황에서도 스탠더드오일은 40퍼센트의 배당을 발표하는 등 잘나가고 있었지만, 록펠러는 주식을 조금 팔아야 했다. 이 같은 행동은 그의 삶을 통틀어 유일했다.

하지만 절망 속에서도 희망의 끈을 놓지는 않았다. 록펠러는 그해 후반 뉴욕 최대의 석유 구매 회사이자 거대한 정유 회사를 갖고 있으며 바지선과 거룻배까지 소유한 보스트윅앤드틸퍼드사 인수 작전을 은밀히 완료했다. 이 회사는 보스트윅상사라는 이름으로 독자적인 기업처럼 행동하며 나중에 스탠더드오일에 큰 도움을 주었다.

철도 회사와 손잡다

록펠러는 힘의 분산을 막기 위해서는 협동과 조화가 필수적이라고 믿었던 사람이다. 협동하면 더 크게 성장하고, 좀 더 효율적인 경영이 가능해지며, 더 많은 이윤으로 높은 질과 낮은 가격을 가능케 한다는 것이다. 이를 위해 록펠러는 1872년 1월 1일, 새해를 맞아 이사회를 열고 더 많은 투자자들을 모아 회사의 자본금을 기존의 두 배가 넘는 250만 달러로, 다음 날에는 다시 350만 달러로 올렸다고 발표했다. 그리고 클리블랜드와 다른 지역 정유 회사들 일부를 매입하겠다고 했다.

마침 무분별한 경쟁으로 출혈이 심해지기는 철도 회사들도 마찬가지였다. 이에 록펠러의 정유 회사와 가장 좋지 않은 관계에 있던 펜실베이니아 철도의 대표 톰 스콧이 록펠러에게 접근했다. 어려운 상황이던 록펠러도 다른 지역 경쟁 회사들이 펜실베이니아 철도와 가까워지는 것을 막기 위해 의기투합했다. 스콧은 펜실베이니아와 뉴욕 센트럴, 이리 등 3대 철도 회사와 스탠더드오일 간의 동맹을 제안했다. 내용은 철도 회사들이 정유 업계에 대한 운임을 크게 올리는 대신, 동맹 회사들에만 큰 폭의 리베이트를 제공한다는 것이었다. 이를 위해 SIC_{South Improvement Company}라는 조직을 만들어, 여기에 가맹한 정유 회사에는 경쟁 회사들의 철도 운송량에도 일정액의 대가를 제공했다. 스탠더드오일 측은 자사의 원유 운송 때도 할인을 받고, 다른 정유 업자들이 철도를 이용할 때도 추가 리베이트를 받아 두 배의 이익을 남겼다. 그것은 록펠러가 다른 정유 회사들을 인수하는 데에도 유리하게 작용했다.

세 개 철도 회사들은 그 대가로 동맹을 맺은 정유 회사들의 운송량을 적절히 나누어 맡으면서 경쟁을 피했다. 록펠러는 이렇듯 자신이 원하는 것과 상대방이 원하는 것을 끄집어내 양측 모두 이익이 되는 방향으로 흐름을 이끌 줄 아는 능력이 있었다. 철도 회사와 정유 회사들 모두 과도한 경쟁으로 공멸의 길을 걷고 있을 때 나온 적절한 처방이었다.

부메랑

그러나 최종 계약을 앞둔 2월 말, 다른 유전 회사들과 정유 업자들이 운송료가 두 배로 오를 거라는 사실을 알게 되면서 끓어오르기 시작했다. 업자들은 SIC와 록펠러의 회사를 '괴물', '낙지', '40인의 도적'이라고 비난하며 거리로 뛰쳐나왔다. 특히 순회 선교사의 아들로, 술과 포커를 즐기던 젊은 정유 업자 존 D. 아치볼드는 "록펠러 일당에게 절대 양보해서는 안 된다"며 외치고 다녔다. 그리고 원유 생산 업자들은 조합을 만들어 록펠러 편이 아닌 정유 회사들에만 원유를 판매해 록펠러의 SIC 사업을 방해하기로 결정했다. '카르텔'을 '카르텔'로 막아 낸 것이다. 3월 1일 밤에는 정유 업자들과 원유 생산 업자들이 오일시티의 오페라하우스에 모여 대규모 규탄 집회를 열었다. 여기서 아치볼드는 기존 원유 생산량을 30퍼센트 줄이고 한 달간 새로운 시추 작업을 중단할 것을 제안했고, 젊은 원유 생산 업자 루이스 에머리 주니어가 지지 의사를 보냈다. 또한 이들은 주 의회를 압박하며 SIC 해체를 요구했다. 사람들은 록펠러와 비밀 계약을 체결한 철도 회사들을 공격하고, 유조 차량을 습격하여 석유를 바닥에 쏟아 버리는 등 폭력까지 일삼았다.

록펠러는 이처럼 극심한 비난에도 의연하고 침착했다. 그는 "스탠더드오일은 규율을 준수하지만, 반대자들은 파괴적인 폭도들 같다"며 "내 길을 막지만 않는다면, 얼마든 비난하고 때려 부숴도 상관없다"고 말했다. 그는 석유 업계의 혼란을 수습할 사람은 자기뿐이라고 스스로 되뇌었다. 그러나 이러한 그의 '여유와 침묵'은 여론의 호응을 얻지 못했다. 하지만 록펠러는 '폭도들' 때문에 신변에 위협을 느껴 사무실과 집 앞에 특수 경찰을 배치하고, 권총을 휴대했다.

록펠러는 아내에게만은 모든 심경을 털어놓았다. 그는 이 무렵 아내에게 부친 편지에서 다음과 같이 말하고 있다.

> 나 록펠러는 항상 올바른 편에 서서 옳은 일을 하고 있음을 잊지 말아 줘요. 인생에서 성공하는 사람은 때로 시류를 거스르기도 하잖아요? 나는 나를 비난하는 사람들을 대할 때도 기쁨을 잃지 않을 거예요. 설사 어려움이 닥친다 해도 신념을 포기하지 않으려 노력하고 있어요. 나와 하나님 사이에는 의義만 있을 뿐입니다.

록펠러의 회사는 직원들의 90퍼센트에 달하는 1200여 명이 일시 해고당하는 등 피해가 점차 심각해졌다. 결국 철도 회사들이 먼저 항복했다. 그들은 3월 25일 뉴욕 지역 정유 회사들과의 협상에서 SIC와의 계약을 파기하고, 리베이트와 추가

환급을 없애며, 모든 운송업자들에게 같은 요금을 매기겠다고 발표했다. 결국 록펠러도 4월 8일, 원유 생산 업자들에게 SIC와 철도 회사들 간의 모든 계약이 효력을 상실했다고 발표했다.

클리블랜드 대학살

록펠러는 극심한 혼란 속에서도 SIC를 통해 남들이 주목하지 않던 중요한 성과를 이루어 냈다. 한 달 사이에 클리블랜드 경쟁 정유 업체 26곳 중 22곳을 인수·합병한 것이다. 그중 6개 회사는 단 이틀 만에 인수를 끝냈다. 클리블랜드 정유 업체들은 당시 SIC에 들어가지 않으면 곧바로 망할 것 같은 압박에 시달렸기 때문에 협상이 수월했다. 시간이 갈수록 석유 가격이 떨어지고 있었으므로, 록펠러도 더 이상 지체할 수 없다는 생각에 서둘렀다.

록펠러의 초창기 동업자였던 제임스 클라크와 고교 시절 친구였던 페인이 함께했던 주요 경쟁사 클라크페인 상사도 매입했다. 이 회사에는 스타워크스라는 정유소가 있었는데, 페인은 다소 지나친 액수인 40만 달러를 제시했지만 록펠러는 수락했다. 그리고 클라크는 받아들이지 않았지만 페인과는 사무실을 함께 쓰며 동업 관계를 유지했다.

록펠러는 스탠더드오일의 주식을 받고 회사를 매각한 여러 정유 회사들을 가리켜 "신이 내린 선물"이라고 말했다. 당시 정유 사업은 사양길로 접어들고 있었기 때문이다. 록펠러는 최종적으로 스탠더드를 제외한 다른 정유 회사들을 모두 없애기 위해 이 같은 '싹쓸이'에 나섰다. 그래서 머뭇거리는 정유 업자들에게 "스탠더드오일의 주식을 보유한다면, 이제부터 부족함을 모르고 살 수 있습니다"라고 설득했다. 하지만 록펠러의 반대자들은 이 일을 가리켜 '클리블랜드 대학살'이라고 불렀다. 지나치게 낮은 가격에 정유 회사들을 사들였다는 이유에서였다.

비난과 찬사가 엇갈렸지만, 록펠러는 안정적인 사업을 위해서는 석유 업계가 여럿으로 나뉘어 서로 '제 살 깎기 경쟁'을 하며 혼란을 지속하기보다 거대 업체가 시장을 장악하는 게 낫다는 생각이었다. 이 무렵엔 석유 가격의 널뛰기가 극심했고, 업체들의 난립으로 모두 함께 망하지 않을까 하는 위기에 처해 있었기 때문이다. 사실 석유나 정유 같은 대규모 설비가 필요한 사업의 경우에는 경제의 각종 규제가 확실히 정립된 오늘날에도 몇몇 기업들의 주도하에 이루어지고 있다. 록펠러는 업계 전체의 가격과 생산량을 통제하고 싶었을 뿐이다. 특히 그는 '질서'를 중시했기 때문에, 석유 업계도 예상 가능한 산업이 되기를 원했다.

  이러한 야심을 가지고 다른 정유 업계들을 속속 인수하던 록펠러는, 그럼에도 저항하는 정유 회사들에 새로운 개념을 제시했다. 정유 업계 전체에 총 생산량을 일정하게 정해 놓고, 각 업체들이 더 생산할 수 있지만 하지 않은 부분에 대해 스탠더드오일에서 어느 정도 수익을 보전해 주는 '경영 협약'이다. 마치 지금의 석유수출국기구OPEC를 보는 듯한 현대적 위기 타개책이었다.

최고의 기업으로

록펠러는 자신의 사업에 하나님께서 함께하심을 확신했다. 그는 혼란스러운 석유 업계 속에서도 여전히 독실한 신앙을 지키려고 노력한 사람이었다. 그리고 경쟁 업체들에는 다소 가혹하고 냉정했지만, 직원들에게는 한없이 자상한 아버지와 같았다.

신앙의 기초석

록펠러는 늘 자신의 모든 행동이 하나님께서 허락하셨다고 생각했다. 그는 교회에서 깨끗한 양심을 가지고 일하는 법을 배우려 힘썼다. 사업 중 시추하는 과정에서도, 정유 사업이 번창하는 가운데서도 그는 늘 신앙적인 의미를 찾으려고 했다.

그래서 이렇게 이야기했다.

"이 모든 과정이 마치 기적과도 같았어요. 인류에게 석유는 얼마나 큰 축복입니까."

록펠러는 독점을 꿈꾸면서도 그것이 부도덕하다고 생각하지 않았다. 그러나 이를 부도덕하다고 여긴 사람들은 록펠러가 자기 합리화를 위해 신앙을 이용한다고 생각했다. 그들은 록펠러를 남의 눈을 의식하여 교회를 다니지만, 평일에는 경쟁자들을 거리낌 없이 짓밟는 '선데이 크리스천'으로 묘사했다. 경쟁자를 없애는 그의 사업 방식이 마음에 들지 않았기 때문이다.

하지만 록펠러에게 신앙은 사업의 원천이었고, 사업을 통해 그는 더욱 확실한 신앙을 다져 나갔다. 착각이었을 수도 있지만, 그는 정유 업자들과의 인수·합병을 그들을 변화시키는 '천로역정'과 같다고 생각했다.

"스탠더드오일은 하늘에서 내려와 '방주로 들어가시오. 모든 위험은 우리가 부담하겠소'라고 외치는 자비로운 천사였습니다. 스스로 파멸의 길을 걷던 정유 업자들을 스탠더드오일이 구원한 것입니다."

그에게 '신앙과 노동'은 스탠더드오일의 '기초석'과 같았다. 특히 당시 석유 사업의 근거지였던 여러 유전들에는 도박과 성매매 등 온갖 타락의 그림자들이 드리워져 있었기 때문에,

록펠러는 자신이 석유 사업에 종사하는 것을 일종의 '직장 선교'라 생각했다. 때문에 자신에게 가해지는 모든 비난을 '의인의 고난'처럼 여기면서 정당한 비판조차 부정하는 모습을 보여 주기도 했다.

피츠버그 플랜

SIC로 큰 위기를 겪고 비난을 감수해야 했지만, 록펠러는 곧바로 털고 일어나 새로운 계획을 세웠다. 록펠러와 플래글러는 1872년 5월 중순쯤 피츠버그로 가서 정유 업자들을 만나, '전국정유업자협회'를 세우자는 구상을 내놓았다. 협회의 중앙 위원회가 이끌게 되는 이 정유 업계 모임은 철도 회사들과 협상을 벌여 좀 더 저렴한 운송료를 이끌어 내고, 정유 회사들 사이에서는 생산량 한계를 설정해 가격의 지나친 변동을 막겠다는 계획이었다. 중앙 위원회 의장은 록펠러가 맡는다는 조건도 추가되었다. 반대가 심했지만, 한때 적이었던 유력 인사들까지 포섭하며 정유 업자들을 끌어들였다. 하지만 합의하에 정해 놓았던 회사당 생산량 한계를 초과하여 정유를 생산하는 업자들이 생겨났다. 그리고 록펠러에게 회사를 넘긴 이들이 그 돈으로 새 공장을 지어 또 인수해 달라며 협박하는 통에, 1년 만인 1873년 6월 결국 피츠버그 플랜을 무효로 선언하기에 이른다. 또 한 번의 좌절이었다.

　록펠러는 이 일을 계기로 각각의 정유 회사들을 스탠더드와 합병하는 길만이 최선이라고 느꼈다. 록펠러는 약속을 어기는 정유 업자들에 대해 이렇게 토로했다.

　"전능하신 주님께서도 구제할 수 없는 이들이 있는 것 같습니다. 그들은 구원을 원치 않고, 계속 악마를 섬기며 사악하게 살려 합니다."

　록펠러의 관심은 원유 생산 업자들로부터 안정된 가격에 원유를 공급받는 것, 저렴하고 일관된 운송 요금을 납부하는 것, 최대한 효율적인 정유 방식을 찾는 것, 정유 가격의 지나친 하락을 막는 것 등에 있었고, 이를 위해서는 석유 업계 전체를 통제할 수 있어야 했다.

　그래서 1874년 가을, 피츠버그와 필라델피아의 가장 큰 정유 회사 대표 찰스 록하트와 윌리엄 워든을 초청해 비밀회의를 열었다. 록펠러는 이들에게 힘을 합치는 길만이 유가 하락을 막을 수 있다고 역설했다. 이들이 망설이자 그는 '특단의 대책'으로 스탠더드오일의 장부를 보여 주었다. 이들은 너무나도 효율적인 스탠더드만의 방식에 놀라, 그 자리에서 의기투합했다. 록펠러는 그만큼 매사 준비성이 뛰어났고 철두철미했다. 이들은 록펠러에게 공장을 매각하는 대신 스탠더드오일의 주식을 받았고, 록펠러는 피츠버그 전체 정유량의 절반과 필라델피아 최고의 정유소를 손에 넣게 되었다. 거기다 록하트와 워든이 자신의 근거지에서 지역 정유소들을 합병하는 일에 적극 나서면서, 정유 업계는 빠르게 록펠러의 영향권에 흡수되었다. 록펠러는 성실한 장로교 신자였던 워든을 "함께 낚시하러 가고 싶은 사람"으로 부르며 가까이했다.

록펠러는 유럽으로 가는 관문인 뉴욕에서도 유조선사와 대규모 정유소 롱아일랜드사를 인수하는 등 '스탠더드 제국 건설'을 위해 발 빠르게 움직였다. 안팎의 비난에도 침묵을 지키며 인내했던 록펠러는 사업을 제안할 때 만큼은 열정적인 '사도'로 변신했다. 그 결과, 2년 전만 해도 그에게 열렬히 반대했던 정유 업자들이 그와 함께했다. 그중에는 찰스 프랫 상사의 자수성가한 침례교도로 과묵한 성격의 찰스 프랫과 뉴욕의 정유업자협회를 이끌며 SIC에 강력하게 저항했던 헨리 로저스도 있었다.

'완전 정복'을 향해

석유 업계의 정상에 선 스탠더드오일은 '백만장자들의 거리'라 불리던 유클리드 가의 4층짜리 신사옥으로 이전했다. 록펠러는 클리블랜드에서 뉴욕까지 종횡무진하며 사업 영토를 확장하고 있었다. 하지만 그에게는 원유에서 정유까지 석유 업계를 아우르겠다는 원대한 '비전'이 있었기 때문에, 여기서 멈출 수가 없었다. 그의 사업에는 늘 '신앙'을 바탕으로 한 강력한 자기 확신이 있었다.

1875년이 되면서 정유 업계는 어느 정도 합병 작업이 마무리되었고 철도 회사들과도 원만한 협상이 진행되었다. 이제 남은 것은 원유의 안정적인 공급이었다. 이를 위해 2, 3년 전 그에게 결사적으로 대항했던 원유 업자들을 다시 만나야 했지만, 록펠러는 '목표' 앞에서 흔들리지 않는 사람이었다. 결국 그의 열정과 끈기에 원유 생산 업자들도 하나둘 그의 편이 되었고, 포터모어랜드사를 인수하는 과정에서 그에게 강력히 반대하는 연설을 했던 스물일곱 살의 존 아치볼드마저 그와 손을 잡았다. 그는 아치볼드에게 정유소 합병 작업을 맡겼다. 그는 몇 달 만에 30여 곳의 정유소를 스탠더드오일에 합류시키는 수완을 보였다.

록펠러는 가격을 후려쳐 정유소를 빼앗는 악한은 아니었다. 값을 후하게 쳐주는 것은 물론, 스탠더드오일에 합류시켜 그들에게 적지 않은 월급을 주었다. 모든 정유 업계가 스탠더드오일의 이름 아래 하나가 되는 일에 그는 아낌없이 투자했다. 그 결과, 30대 중반의 록펠러는 미국 정유 업계의 패권을 거의 장악하게 되었고, 원유와 정유의 운송에 필요한 철도 회사를 마음대로 주무를 수 있게 되었으며, 유조 차량까지 소유하게 되었다. 게다가 건설된 송유관까지 어느 정도 확보했다. 이제 그의 오랜 꿈이 눈앞으로 다가왔다.

스탠더드 제국

1878년이 되면서 스탠더드는 미국 정유의 90퍼센트 이상을 생산하는 시장 지배를 달성했고, 그야말로 업계의 '스탠더드(standard)'가 되었다. 클리블랜드에서 인수·합병을 시작한 지 5년여 만의 일이었다.

'트러스트'의 시작

록펠러는 사업의 한 단계 성장을 앞두고 교회 장로이자 변호사였던 새뮤얼 도드를 수석 변호사로 영입했다. 스탠더드오일은 인수·합병을 통해 이미 여러 주에 자회사가 있었는데, 다른 주에 있는 회사를 소유할 수 없는 당시 미국의 법 제도에 따라 이를 정비할 필요가 있는 데다, 비대해진 회사의 덩치 때문에 이사들이 여기저기 흩어져 있어 일관된 정책을 수립하는 데 어려움이 있었기 때문이다. 도드 변호사는 이후 20여 년간 회사 공보관으로 브레인 역할을 수행하며 록펠러를 도왔다.

도드는 법을 어기지 않기 위해 여러 주에 흩어져 있는 회사들을 주를 넘어 '미국의 기업'으로 만드는 방법을 개발하는 데 주력했다. 먼저 주요 거점 주를 독립 국가처럼 여기고 별개의 스탠더드오일을 하나씩 세웠다. 그 결과 1882년 록펠러의 동생 윌리엄을 대표로 한 뉴욕 스탠더드오일이 세워졌고, 나흘 뒤에는 록펠러를 사장으로 한 뉴저지 스탠더드오일이 설립되었다. 이러한 조치는 주 정부가 주 경계 밖에 있는 스탠더드오일의 이윤에 대해 세금을 부과할 수 없게 하는 효과도 거두었다. 그리고 주마다 생겨난 스탠더드오일이 지분을 맞교환하게 함으로써, 스탠더드오일이 흩어지지 않고 하나로 뭉칠 수 있도록 했다. 이를 통해 송유관 전체의 90퍼센트를 장악한 자산 7000만 달러의 거대 기업이 탄생했다. 예전 록펠러가 SIC를 통해 시도했던 카르텔보다 더 강력한 기업 집중 형태인 '트러스트'가 태어난 것이다.

록펠러는 스탠더드오일 직원들에게 충분한 자금을 공급하면서 이 트러스트의 주식을 받도록 장려함으로써, 조직을 강력하게 결속시켰다. 회사에 대한 충성심이 강해진 직원들은 더 열심히 회사를 위해 일했다. 록펠러는 직원들이 자신처럼 돈을 많이 벌어도 근검절약하기를 바라는 마음 또한 가지고 있었다. 많은 경제학자들은 이처럼 기업의 새로운 체계와 구조를 만들어 낸 록펠러를 현대 기업의 선구자로 평가하고 있다.

'석유 왕국의 제왕'

록펠러는 이제 업계에서 '석유 왕국의 제왕'이라는 이름으로 불렸다. 그가 철도보다 뛰어난 운송 수단으로 떠오른 송유관까지 '접수'하고 있었기 때문이다. 유정이 새로 발견되었다는 소식을 들으면, 스탠더드오일 직원들은 곧바로 그 유정과 자신들의 송유관을 연결시켰다. 스탠더드오일은 최신식 공장과 우수한 경영 방식 그리고 유정에서 사용자들에게 기름이 전달되기까지 모든 유통 과정의 시스템을 갖춘 석유 분야 최고의 기업이 되었다. '클리블랜드 학살' 이래 5년 만에 이룬 성과였다. 그렇다고 오늘날의 재벌들처럼 자신의 '전공'인 석유와 관련 없는 분야에까지 마구잡이로 진출한 것도 아니었다. 스탠더드오일은 석유와 관련 없는 분야에는 단 1센트도 투자하지 않는 '선택과 집중' 전략을 구사했다.

록펠러는 '버리기 위해 얻는 사람'이었다. 노후하고 경쟁력 없는 정유 회사들을 후한 값에 사들이는 일이 많았다. 무분별한 경쟁은 동반 멸망을 불러오기 때문에, 그는 회사를 통째로 사거나 스탠더드 주식을 넘기는 방식을 이용했다. 그리고 통폐합과 구조 조정을 실시했다.

록펠러의 이 같은 인수·합병 제안을 거절하고 자구책을 모색하려던 소규모 정유 업자들의 경우 스탠더드의 지배에서 벗어나고자 함께 모여 해결책을 논의했지만, 뾰족한 수가 없었다. 이들은 자체 송유관을 만들어 록펠러에게 저항했으나 록펠러와 스탠더드오일의 로비와 협력 등 전방위적 대응으로 어려움을 겪어야 했다.

이로써 스탠더드오일은 한 산업의 여러 분야를 모두 독점한 기업이 되었다. 스탠더드에서 정유한 등유를 사용하는 고객들은 계속 늘어났고, 소와 낙타를 이용해 외국에까지 석유를 공급했다. 또 정유 과정에서 나오는 부산물들을 활용해 300여 종의 생산품을 개발하기도 했다. 당시 미국은 전쟁이 끝나고 전국적으로 복구 움직임이 한창이었다. 스탠더드오일은 도로 건설에 필요한 타르와 아스팔트를 개발해 냈고, 다양한 쓰임새로 개발되던 기계와 기차에 사용할 윤활유를 제조해 판매했다. 뿐만 아니라 양초와 성냥, 페인트와 페인트 제거제, 심지어 '미국인' 하면 떠오르는 이미지 중 하나인 껌까지 만들어 냈다. 특히 유명했던 것은 '스탠더드 바세린'이었는데, 이는 미국 가정의 필수품이 되었다.

록펠러는 동시대와 그 이후의 다른 수많은 기업가들도 꿈만 꾸었던 일을 해낸 것에 대해 이렇게 이야기했다.

"우리에겐 꿈이 있었어요. 우리는 석유 산업에서 가능성을 보았고, 이를 실현시키기 위해 그 중심에서 뛰었습니다. 여기에 우리의 지식과 상상력, 경영 경험 등을 살리면서 10배, 20배, 30배로 열매를 맺게 되었습니다."

스탠더드오일은 소비자들에게 저렴한 석유를 공급하기 위해 늘 노력했다. 그래서 사람들은 스탠더드오일이 비록 독점 기업이지만, 나쁜 기업이라고는 생각하지 않았다. 원유 가격이 떨어지면, 그는 작업 환경 개선 등으로 정유 비용을 줄임으로써 문제를 해결하려 했다. 때문에 스탠더드 석유의 인기가 좋을 수밖에 없었다. 가난한 집안 출신이었던 록펠러는 항상 직원들에게 "우리는 가난한 사람들을 위해 석유를 정제한다는 사실과, 가난한 사람들은 값싸고 품질 좋은 석유를 필요로 한다는 사실을 잊지 맙시다"라고 강조했다. 그래서 에디슨의 전등이 전국적으로 보급될 때까지, 사람들은 오랫동안 스탠더드오일의 등유로 어둠을 밝혔다.

뉴욕 시대를 열다

스탠더드오일이 세계 최대의 글로벌 기업이 되면서, 록펠러는 더 이상 오하이오의 클리블랜드에 머물 수 없었다. 1884년이 되자 그는 뉴욕으로 이사했다. 그는 대도시 뉴욕에 와서도 화려한 도시 생활에 큰 관심을 두지 않았고, 으리으리한 집에 살지도 않았다. 검소한 생활이 몸에 배어 있던 그는 뉴욕에서 구한 집의 가구가 자신의 취향과 맞지 않았음에도 모두 그대로 사용했다. 낡은 카펫만 바꾸었는데, 그마저 교회를 통해 어려운 사람들에게 기부했다. 뉴욕에서 유행하던 요트나 보트를 소유하지도 않았고, 기차의 전용 객차도 소유하지 않았다. 대신 집 근처에 넓은 스케이트장을 만들어 겨울이면 스케이트를 타는 등 클리블랜드 시절의 취미 생활을 계속했다. 그리고 매일 오후 일을 마치면 마차를 타고 신나게 달렸다. 학창 시절 연극조차 경건한 생활에 해가 된다며 보지 않았던 록펠러는 뉴욕에 와서도 호화 만찬과 가장무도회, 오페라나 사교 클럽 등을 드나들지 않았다.

록펠러가 '뉴요커'가 된 다음 해인 1885년 5월에는 100만 달러를 투자한 새 사옥이 들어섰다. 9층의 웅장한 화강암 건물에는 록펠러의 의중이 반영된 듯 방마다 비밀 잠금장치가 되어 있었다. 회사 앞에는 스탠더드오일이라는 이름을 쓰지 않았고, 대신 '브로드웨이 26번지'라는 번지수만 적혀 있었다. 때문에 브로드웨이 26번지는 스탠더드오일의 상징처럼 불렸다.

스탠더드오일은 1886년 미국 대륙을 11개 지역으로 분할해 산하 판매 회사들이 서로의 영역을 침범하지 않도록 정했다. 분할 지역 경계선에서 분쟁이 일어나면 본사가 중재에 나섰다. 각 지역에서는 다른 정유 회사들이 들어오지 못하도록 철저히 관리했고, 들어온다 해도 압도적인 물량 공세와 가격 인하 정책으로 버텨 내지 못하게 만들었다. 스탠더드 트러스트에 들어오지 않은 정유 회사들의 정보를 캐내기 위해 도청 등 다양한 수단을 동원하기도 했다.

록펠러는 그때까지 해외에 나가 본 적이 한 번도 없었다. 클리블랜드 시절에는 뉴욕으로 신혼여행을 간 게 전부였고, 그나마 이제는 뉴욕으로 근거지를 옮긴 상태였다. 몇십 년 동안 오로지 사업을 키우는 데만 집중했던 록펠러는 1887년 6월 가족들과 함께 3개월간 유럽으로 휴가를 떠났다. 하지만 그는 휴양지에서도 회사에 대한 걱정으로 끊임없이 회사 소식을 묻곤 했다. 전 세계에 그의 이름이 알려졌기 때문에 가는 곳마다 환영을 받았고, 그에게는 많은 편지가 배달되었다. 커다란 트렁크를 사야 할 정도로 많이 받았는데, 이 편지들을 검토하기 위해 모두 집에 가져갔다고 한다.

세계를 시장으로

미국 시장을 장악한 록펠러는 해외 시장 개척도 게을리하지 않았다. 그러나 러시아와 프랑스 등에는 막강한 정유 업계 경쟁자들이 있었다. 스탠더드오일은 1888년 영국에 첫 해외 계열사인 앵글로아메리칸오일을 세우고, 영국 석유 시장을 정복하기 시작했다. 이후 독일을 비롯해 네덜란드, 프랑스, 이탈리아, 스칸디나비아 반도 등 유럽과 함께 인도까지 진출했다. 이 같은 노력으로 1888년대 말 스탠더드오일은 전 세계 시장의 80퍼센트 점유율을 유지했다. 러시아는 국가적 지원을 통해 석유 가격을 낮게 책정했지만, 경쟁사들보다 탁월하게 뛰어난 정유 품질로 이를 극복했다. 이후 전 세계에서 유전들이 발견되면서 점유율은 조금씩 낮아지기 시작했다.

록펠러는 석유가 나오기 전 발생하는 천연가스에 주목하고 이를 개발하는 데 주력하기도 했다. 천연가스에 대해서도 정유와 마찬가지로 독점 판매를 실현하는 데 노력을 기울여, 1886년 록펠러를 최대 주주로 하는 천연가스 트러스트가 설립되었다.

록펠러만의 방법

수많은 사람들이 록펠러처럼 거대한 성공을 꿈꾸지만, 이를 이뤄 낸 사람은 많지 않았다. 록펠러에게는 어떤 '특별함'이 있었기에 그런 일이 가능했을까? 그동안 많이 알려지지 않았던 록펠러의 면모는 무엇이 있었을까?

철저하게 일하는 법

"커다란 것을 성취하지 못한 사람들은 집중력, 즉 다른 모든 것을 배제한 채 적절한 시기에 꼭 해야 할 일에만 정신을 쏟는 기술이 부족해서 실패한 게 아닌가요?"

록펠러는 이런 질문을 던진 적이 있을 정도로 매사에 계획성과 집중력이 뛰어났다. 그는 정해진 일정을 지키는 일에 최선을 다한 경영인이었다. 쓸데없는 일에 시간을 낭비하는 법이 결코 없었고, 오전의 간식 시간과 점심 식사 후의 낮잠 시간마저도 에너지를 보충하는 고유의 목적 외에는 다른 일에 사용하지 않았다. 마치 '칸트'처럼, 그는 일정한 보폭과 속도로 같은 거리를 같은 시간에 걷곤 했다. 그리고 회사가 점점 발전하고 좋은 인재들이 영입되면서, 그는 일찍 퇴근해 집에서 업무를 보거나 가족들과 시간을 보내기 위해 노력했고 실무보다는 재무와 인사, 행정, 정책 결정 등 큰 그림을 그리는 데 힘썼다.

이러한 사례를 보면 록펠러의 성격은 '완벽주의'적인 것이 틀림없다. 그래서 부하 직원들에게도 이처럼 '완벽'을 요구했다. 무슨 일이든 대충 하는 법이 없어서, 그가 작성한 수많은 문서들은 지금 기준으로 봐도 균형 있는 어법과 간결함을 자랑한다. 록펠러는 비서에게 서신을 받아쓰게 한 다음, 대여섯 번씩 원고를 고쳐 가며 불필요한 표현은 삭제하고 주제 의식을 명확히 드러냈다. 수백 장의 결재 서류를 가져와도 모두 정성스럽게 서명했다.

이 같은 그의 성격은 뛰어난 판단력의 기초가 되었다. 전국 각지에서 오는 수많은 정보들을 토대로 하루하루가 전쟁 같은 석유 업계에서 순간적으로 옳은 판단을 내리는 일은 쉽지 않은데, 록펠러는 누구보다 이를 훌륭히 해냈다. 어린 시절부터 수학에 강해 장부 계원으로 사회생활을 시작한 그는 "숫자에 의해, 오직 숫자에 의해서만" 향후 행보와 방향을 결정했다. 이를 통해 회사 전체에 합리성을 불어넣었다. 록펠러는 실제로 자신의 성공이 숫자에 대한 뛰어난 감각 덕분이라고 생각했다. 그는 오랫동안 점찍었던 회사를 100만 달러에 인수하려는 협상을 하면서, 일부러 상대방이 30분 동안 떠들도록 내버려 둔 채 암산으로 이자 상환 방법을 계산해 3만 달러를 아끼는 방법을 찾아냈다.

록펠러는 장부 계원 출신답게 장부를 매우 중시했다. 어느 날 그가 회사의 장부 담당자에게 정중히 다가가 장부를 보여 달라고 하더니, 빠르게 넘겨본 후 정리를 잘했다고 칭찬하면서 "여기 작은 실수가 있는데 수정하라"고 침착하게 지시한 적도 있었다. 담당자는 많은 양의 장부를 이렇듯 빨리 검토하는 록펠러의 능력에 감탄했다.

록펠러에게는 이처럼 타고난 감각으로 미래를 예측하는, 일종의 선견지명도 있었다. 그래서 유정이 언제 바닥을 드러낼지 몰라 모두가 불안해하는 석유 업계에 남들보다 빠르고 과감하게 뛰어들 수 있었다. 사업을 확장할 때도 차분한 성격의 소유자라고는 믿을 수 없을 정도로 여러 차례 과감한 투자를 단행했다. 실제로 석유가 고갈되어 모든 송유관과 정유소가 무용지물이 되거나, 석유가 지나치게 많이 쏟아져 가격이 급락하는 걱정에 늘 시달렸던 록펠러는, 1880년대 중반 오하이오의 리마에서 새로운 유전이 발견됐다는 소식이 전해지자 사업성이 확실하지 않은 상태에서도 성공을 확신하고 원유 생산 회사들을 서둘러 사들이는 등 과감한 행동에 나섰다. 이는 스탠더드오일이 1890년대 미국의 석유 시장을 장악하는 데 크게 기여했다.

록펠러는 이렇듯 감각과 직관으로 많은 성공을 이루었으면서도, 과학과 합리적 정신을 소홀히 하지 않는 균형 잡힌 사업가였다. 또한 그는 '브로드웨이 26번가' 맨 위층을 비롯한 모든 정유소에 실험 연구실을 설치하고 석유 산업의 발전 방향을 모색했다. 리마에서 발견된 유전에서도 불순물을 제거하려는 다양한 과학적 실험들을 시도하여 성공을 이루어 냈다.

사람을 다루는 법

이제까지 나타난 록펠러는 냉정하고 조용한 이미지이지만, 가족들뿐 아니라 직원들에게는 아버지 같은 상사였다. 직원들은 록펠러를 따뜻하고 합리적인 경영인으로 기억하고 있다. 그는 초기에 직원들의 이름을 모두 외우고 있었으며, 조용히 다가와 직원들을 격려한 적도 많았다. 초기에는 직원 면접을 직접 실시할 정도로 인재 채용을 중시했다.

록펠러는 지금보다 훨씬 못한 노동자 인권 의식에도 불구하고 직원들의 복지 향상에 많은 관심을 기울여 업계 평균 이상의 월급 수준을 보장했으며, 연금도 후하게 지급했다. 모든 직원들이 1년에 한 번 간부 위원회에서 월급 인상을 요구할 수도 있었다. 아픈 직원이 있다는 소식을 듣고 1년 이상 유급 휴가를 준 적도 있고, 나이 많은 한 직원이 철도선을 따라 세발자전거를 타고 싶어 하는 것을 알고 철도 변호사에게 이를 요청한 일도 있었다.

근검절약이 몸에 배어 있었지만 직원들 장례식에 1000달러를 내놓기도 하고, 자신에게 사기 친 직원을 용서하고 계속 일할 수 있도록 하는 포용력도 보였다. 록펠러는 말단 직원들에게도 편안한 태도로 대했을뿐더러 불평을 들어도 화내지 않았다.

그는 직원들에게 올바른 도덕관을 불어넣을 의무가 있다고 생각하여 간통 사건에 휘말린 임원을 징계하거나 이혼을 반대했는데, 이는 그만큼 록펠러가 직원들에게 애정이 많았음을 말해 주는 대목이다. 그는 아끼던 동료 아치볼드에게 술을 끊을 것을 강력히 권하면서 아치볼드가 알코올의 유혹을 이겨 내지 못하자 낙담하기도 했다.

이 같은 스탠더드오일의 직원 복지는 파업이 일어나거나, 불만을 품은 근로자가 생겨날 수 없는 환경을 조성했다. 하지만 록펠러는 자신의 규칙을 따르지 않고 노조에 관심을 보이면 즉시 태도를 바꾸었다. 그는 노동조합을 인정하지 않았고, 노조를 조직하는 일을 그냥 넘어가지 못했다. 이는 다음 장에서 일어날 커다란 비극의 씨앗이 된다.

록펠러는 사람의 중요성을 익히 알고 있었기 때문에, 좋은 인재가 눈에 띄면 즉석에서 채용하기도 했다. 그리고 시험 삼아 일을 맡겨 본 후 능력이 인정된 사람에게는 과감하게 일을 맡기고, 웬만해선 간섭하지 않았다. 뿐만 아니라 최고의 인재들을 모아 그들이 다른 데 마음을 품거나 해이해지지 않고 충성심을 발휘해 회사 일에 최선을 다하도록 격려하는 능력이 뛰어났다.

최근 록펠러의 전기를 쓴 론 처노는 그의 최대 강점으로 '다양한 사람들을 관리하고 독려하는 것'을 꼽는 데 주저하지 않았다. 록펠러 자신도 이처럼 털어놓은 적이 있다.

"제가 인생에서 성공할 수 있었던 것은, 제가 사람들을 믿었고 사람들로 하여금 저를 믿게 할 수 있었기 때문입니다. 나폴레옹이라 해도 휘하에 뛰어난 장교들이 없었다면 유럽을 제패할 수 있었을까요?"

또 회사 내부에서 조화를 이루는 일을 중요하게 생각했다.

그래서 경영진 사이에 갈등이 생길 경우 조정하는 일은 주로 그의 몫이었다. 그는 이럴 때도 먼저 자신의 의견을 말하기보다는 상대의 말을 충분히 들어준 다음 절충안을 내놓았다. 록펠러는 사업에서의 '독점'을 추구했지만, 경영에서의 '독선'은 경계했다. 중요한 결정이나 제안을 할 때 늘 신중을 기했고, 사업을 시작한 초기부터 세계 최대의 석유 회사가 되기까지 동업자들과 식사를 함께하며 토의를 통해 문제를 해결하는 방법을 고수했다. 그는 이사회에서 반대하는 일을 추진한 적이 거의 없고, 자신이 옳은 결정을 내렸는지 늘 확인에 확인을 거듭했으며, 가능한 모든 사고에 대비해 계획을 세웠다. 그래서 가끔 의견 대립은 있었지만, 이것이 커지거나 원한을 사서 회사 내부의 암투나 음모로 연결되지는 않았다. 록펠러는 스탠더드오일을 이끄는 주요 인물들이 서로를 아끼고 신뢰하도록 하는 데 힘썼다.

록펠러는 과감한 판단력으로 기업을 설립하는 창업 능력과, 이를 확장하고 발전시키며 관리하는 경영 능력 모두를 가진 예외적 기업가였다.

신앙을 지키는 법

록펠러에게 교회는 생명의 양식이자, 사업가로서의 스트레스를 풀 수 있는 '청량제'였다. 어쩌면 그는 강한 확신 아래 사람들이 비난하는 행위를 저질렀지만, 주일 예배와 신앙생활을 통해 그 무거운 짐들을 내려놓았는지도 모르겠다. 그는 교회에서만큼은 평범한 신앙인으로 지내고 싶어 했기 때문에 교회로 찾아와 사업 이야기를 꺼내는 사람을 무척 싫어했다. 록펠러는 주일 예배가 끝난 후 설교를 칭찬하면서, "마치 낡은 시계의 태엽을 감아 주듯이, 일주일에 한두 번은 좋은 설교를 통해 나를 옥죄어 줄 필요가 있다"고 말한 적도 있다.

록펠러를 따라 유클리드로 옮겨 온 애버뉴 침례교회는 곧 '록펠러의 교회'로 유명해졌고, 성도는 열 가구가 채 되지 않았지만 주일마다 그를 만나려고 찾아온 사람들로 인산인해를 이루었다. 여흥이나 만찬을 즐기지 않았던 록펠러를 볼 수 있는 곳은 회사와 집 그리고 교회뿐이었기 때문이다.

록펠러는 1880년대부터 교회 연간 예산의 절반 이상을 책임지고 있었으며, 주일 학교 교사로서 아이들에게 매주 땀 흘려 번 돈으로 20센트를 헌금할 것 등을 가르쳤다. 특히 30여 년간 주일 학교 교장을 맡아 술의 해악에 대한 교육을 지속적으로 실시했는데, "공정하고 정직하게 최대한 많이 벌어 최대한 저축했다 베푸는 것이야말로 우리의 의무"임을 강조했다. 모태 신앙인 그는 당시 유행했던 반신론이나 진화론 등에 휩쓸리지 않고 자신의 신앙을 굳게 지켰다. 클리블랜드 시절에는 40년간 신실한 성도들이 참석하는 금요 기도회에 빠진 적이 거의 없었다.

어린 시절부터 어머니로부터 철저한 신앙 교육과 함께 헌금에 대한 교육을 받은 록펠러는 외팔의 전도자 형제 J. D. 존스와 10대 부랑아들에게 성경과 기술을 가르친 빈민 학교, 뱃사공들에게 금주와 기독교 정신을 가르치는 클리블랜드 베델 유니언 등 지역의 침례교 자선 단체들에 많은 액수를 헌금했다. 그는 신분을 밝히지 않은 채 이 유니언을 가끔 찾아 뱃사공들과 어울리기도 했다.

교회에서도 소규모이지만 자선을 베풀었다. 록펠러는 가난한 이들이 예배에 참석하면 주머니에서 작은 봉투를 꺼내 돈을 넣어 조심스럽게 건네주었는데, 행동하는 신앙인을 추구했기 때문이었다.

록펠러는 스탠더드오일의 성공이 하나님께서 자신에게 특별한 소명을 주셨기 때문이라 믿었고, 이의 일환으로 아내 세티와 함께 금주禁酒 운동에 적극 뛰어들었다. 세티는 기독여성절제회 창립에 참여했으며, 클리블랜드 노동자들이 주로 거주하는 빈민가 위스키 힐을 정기적으로 방문했다. 세티와 비슷한 생각을 가진 여성들은 오전 11시쯤 지역 술집을 찾아 함께 '땅 밟기' 기도를 했다. 이들은 그곳에 '술에 빠진 목마른 영혼들'을 위해 몸에 좋은 음식들과 탄산수를 나눠 주는 '친근한 쉼터들'을 설치했고, 록펠러는 중앙 본부 건립에 큰 도움을 주면서 사회 복지 시설 운동에 앞장섰다. 이 '쉼터들'은 클리블랜드 최초의 사회 복지관이 되었다.

Chapter
04

자선왕 록펠러

04

자산의 축면의

쏟아지는 비난

석유 시장을 완전한 '통제' 아래 두려 했던 록펠러의 방식은 차츰 사람들의 비난을 사게 되었다. 이러한 비난은 록펠러가 더 큰 성공을 거둘수록, 석유 산업의 패권이 그의 손안에 쥐어질수록, 그의 부가 늘어날수록 커졌다. 그에 대한 시기 질투도 늘어 갔고, 과장된 언론 기사들이 나돌았다.

독점에 대한 반발

"만약 우리 회사에서 전 세계의 석유를 독점한다면, 사람들이 우리 회사를 증오할 것이라는 사실을 저는 알고 있었습니다."

그래서 록펠러는 석유 시장을 완전히, 100퍼센트 독점하지는 않았다. 스탠더드오일과 대등하게 경쟁할 정도가 아니라면, 지역마다 소규모 영세 정유 업자들 몇몇을 남겨 둠으로써 '독점'과 '경쟁 불가'에 대한 오해를 받지 않으려고 했다. 하지만 이는 '눈 가리고 아웅'이었을 뿐, 90퍼센트 가까운 시장을 독식하고 있는 록펠러에 대한 사람들의 시선은 곱지 않았다. 사람들은 스탠더드오일의 엄청난 규모와 그들이 누리고 있는 지위와 권력, 무엇보다 부富에 분노했다. 경쟁사보다 좋은 조건을 차지하기 위해 정치권이나 운송 회사 등에 온갖 뇌물과 로비를 서슴지 않고, 담합과 인수·합병 등으로 시장을 장악하는 '스탠더드 웨이Standard Way'에도 염증을 느끼고 있었다. 자금이 필요한 정치인들도 '특혜'가 필요한 스탠더드와 공생 관계를 유지했다.

1880년대까지만 해도 산업이 발전하던 초기여서 '독점'이나 '카르텔', '리베이트'가 법적으로 규제되지 않았다. 하지만 이에 대한 사람들의 반감도 계속해서 커져 갔다. 규제가 생길 타이밍이었던 것이다. 이 시기에는 철도 회사들의 연합과 요금 차별을 반대하는 반反독점 정당까지 생길 정도였다. 그중에서도 가장 미움을 받고, 표적이 되었던 회사는 록펠러의 스탠더드오일이었다. 하지만 록펠러는 수단이야 어떻든 자신이 성공한 것은 정당한 경쟁에서 승리했기 때문으로 확신했고, 경쟁에서 승리하기 위해 사용했던 여러 좋지 않은 수단들에 대해서도 자신이 지시하거나 관여한 일이 아니라며 잡아떼곤 했다.

록펠러는 개인이 운영하는 기업 활동을 정부가 간섭해서는 안 된다는 신념이 있었다. 하지만 당시에는 사람들의 계속되는 항의에 결국 정부가 칼을 빼 들었다. 1876년 연방 대법원이 최초로 기업 규제 권한을 지지하는 판결을 내린 것이다. 판결문은 "사유 재산도 공적인 용도로 이용되거나 지역 사회에 널리 영향을 준다면 공공 자산의 성격을 띤다"고 선언했다.

이듬해인 1887년, 의회에서는 스탠더드오일과 가까웠던 의원들의 격렬한 반대에도 불구하고, 철도 회사들 간의 연합과 리베이트를 불법으로 규제하는 '주간 통상법'이 통과되었다. 록펠러의 초기 성공에 크게 기여했던 방식을 더 이상 쓸 수 없게 된 셈이었다. 그러나 새로운 법이 제정되면 교묘하게 조문 내용을 피해 '탈법'을 저지르는 사람들이 생겨나듯, 스탠더드오일 트러스트와 철도 회사들도 곧 법망을 피해 다시 협력 관계를 회복했다.

1888년, 록펠러는 또다시 뉴욕 상원 위원회의 조사를 받게 되었다. 록펠러는 소환장을 받을 때부터 이리저리 피하기도 했고, 청문회에서는 논점을 흐리거나 '잘 모르겠다'는 답변으로 핵심을 피해 가려 노력했다. 록펠러의 전략은 될 수 있으면 침묵을 지키는 것이었다.

스탠더드오일 트러스트는 여러 주에 걸쳐 무려 41개 회사가 속해 있는 조직이었다. 청문회와 조사 등을 통해 록펠러가 만든 트러스트의 실체가 드러나면서 사람들은 경악했다. 뉴욕 상원 위원회는 스탠더드오일 트러스트에 대해 "모든 일을 법적 실체가 없는 조직에 맡겼고, 이 조직은 어떠한 권한에도 얽매이지 않았으며, 어디서든 원하는 대로 할 수 있고 지금도 암흑 속에 운영되고 있다"고 보고했다. 또 정정당당한 경쟁을 펼치고 있다고 주장하는 록펠러에 대해 "경쟁자 대부분을 쫓아 버린, 석유 업계의 거의 유일한 점유자"로 규정했다. 스탠더드오일 트러스트는 '자유 경쟁 시장에도 정부의 적절한 규제가 필요하다'는 교훈을 시장에 던져 주었다.

반反트러스트법

결국 1890년 7월 2일, 대통령 해리슨은 반트러스트 법안인 '셔먼 독점 금지법'에 서명했다. 이 법안은 기업 제휴를 통한 협력과 연합을 불법으로 규정하고, 무역 거래와 생산을 제한하는 모든 조직을 금지했다. 지금까지 셔먼법은 의회가 공공의 복리를 위해 사기업을 규제한 법안 중에서 가장 강력한 것으로 기록되고 있다. 하지만 사람들은 이 법안에 대해 구멍이 숭숭 나 있는 허점투성이라는 뜻에서 '스위스 치즈'라는 조롱

섞인 별명을 붙였다. 법의 제정으로 제휴와 협력이 불가능해진 기업들은 과잉 공급을 막기 위해 오히려 합병을 시도하기에 이르렀고, 몇몇 기업으로의 집중이 더욱더 가속화하는 결과를 초래함으로써 법안이 의도한 것과 정반대의 결과물을 만들었기 때문이다.

1892년 3월에는 오하이오 주 대법원에서 오하이오 스탠더드오일을 향해 '트러스트를 탈퇴하라'고 명령했다. 오하이오 주 검찰총장 데이비드 왓슨의 명령이었는데, 그는 주 대법원에 오하이오 스탠더드오일에 대한 심문 영장을 신청했다. 그는 트러스트를 일삼던 스탠더드오일을 해체시키려 했고, 끈질긴 노력 끝에 이 같은 판결을 이끌어 냈다. 스탠더드오일 간부들은 이러한 판결을 놓고 회의를 거듭한 끝에, 일주일 만인 3월 10일 스탠더드오일 트러스트의 해체를 전격 선언했다. 왓슨의 승리처럼 보였다.

그러나 스탠더드오일은 다른 계획을 꾸미고 있었다. 다른 주의 기업들을 보유할 수 있도록 허용한 뉴저지 주의 법을 이용해, 전국을 아우르는 새로운 '스탠더드오일'을 세운 것이다. 뉴저지 스탠더드오일은 스탠더드오일로 명칭을 바꾸고, 다른 주의 스탠더드오일 주식 전부 또는 일부를 사들였다. 트러스트는 해체되었지만, 스탠더드오일 그룹이 새롭게 태어난 것이다. 법을 만들면 만들수록, 규제를 하면 할수록 스탠더오일은 더 강해져 갔다.

　전국 규모의 그룹으로 새롭게 태어난 스탠더드오일이 출범한 지 1년이 갓 지난 1893년 6월, 주식 시장이 폭락하면서 경기 침체가 시작되었다. 제2차 세계 대전 직전인 1930년대 대공황 이전의 가장 심각한 경기 침체였다. 노동자들이 파업과 투쟁을 벌이는 가운데, 부익부 빈익빈 현상은 더 심해지고 있었다. 이듬해에는 은행이 600여 곳이나 문을 닫았지만, 스탠더드오일은 '부익부'의 대열에 있었다. 석유 산업은 이제 '생필품'의 영역이 되어 버렸고, 여기에 자동차가 발전하면서 석유의 쓰임새도 확대되고 있었기 때문이다. 이러한 불황을 맞으면서, 록펠러는 거대한 부를 소유하는 것에 대한 공적 책임감을 갖게 되었다.

　하지만 경쟁사들도 가만히 있지는 않았다. 스탠더드오일 트러스트의 온갖 방해 공작 속에서도 유전과 파이프라인, 정유소와 유럽 보급로까지 갖춘 석유 회사가 세워져 퓨어 오일로 성장했다. 이렇듯 스탠더드오일은 끊임없는 번영을 지속하였고, 스탠더드오일 트러스트는 1911년에 가서야 연방 대법원에 의해 최종적으로 30개 회사로 분리 해체되었다.

러들로 학살 사건

1914년 콜로라도 남부 탄광에서 일어났던 '러들로 학살 사건'은 록펠러의 '악한' 이미지에 기름을 부었다. 그 당시 록펠러는 경영에서 손을 떼고 자선 사업가로 활동하고 있었지만, 스탠더드오일 하면 떠오르는 록펠러도 사건의 오명을 피해 갈 순 없었다. 노조에 강력하게 대처해 온 록펠러의 평소 성향과 그의 아들 록펠러 2세가 회사를 맡고 있었다는 점도 이 같은 평가에 한몫했다.

록펠러는 1902년 한 철광 회사를 매각하면서 막대한 이윤을 남긴 후, 콜로라도 주 최대 회사였던 콜로라도 연료 철강CFI을 600만 달러에 사들였다. 하지만 그 회사는 부패했고, 임원들은 거짓말쟁이에 사기꾼 같았다. 록펠러는 그를 돕던 게이츠의 삼촌 몽고메리 보워스를 부사장으로 임명해 변화를 시도했지만, 회사 재정 사정은 조금도 나아지지 않았다. 당시 회사를 경영하던 록펠러 2세는 CFI를 살려 냄으로써 아버지로부터 인정받고자 했는데, 좀처럼 일이 진척되지 않았다. 이곳에서 일하는 광산 노동자들도 어려운 경제 상황이었지만, 록펠러와 2세는 적당한 시점에 광산을 다시 팔아 버릴 생각이었기 때문에 관심을 두지 않았다. 광산에는 사고도 흔해서 1910년 1월에는 CFI 광산 폭발로 79명이 사망했다.

경영진은 CFI를 사들이기 전부터 이미 존재하고 있던 노동조합에도 비판적이었다. 록펠러는 몇십 년간 사업을 진행하면서 노조에 대해서만은 일관되게 강경책을 써 왔다. 한 예로 1903년 뉴저지 스탠더드오일에서 노조원들이 회사에 노조를 인정해 달라고 요구하자, 잔인하게 진압한 적이 있다. 보위스 등 경영진이 노조 조직책들을 내쫓으려고 테러를 저지르거나, 스파이와 탐정을 고용했던 것이다. 또 노조에 동참하려는 노동자들은 해고해 버렸다.

그러나 1913년 7월, 지역 노동자들은 미국광산노동자연합 UMW을 조직하고 광산 노동자들의 동반 파업을 준비했다. 그러자 CFI 측은 총잡이들을 불러들이는 등 강경 대응에 나섰다. 양측 간의 대결이 예측되면서, 연방 정부는 파업을 저지하기 위해 나섰다. 9월 26일, CFI 노동자 9000여 명이 결국 근무 시간과 임금, 주택 여건 개선 등과 노조 인정을 요구하며 파업을 일으켰다. 회사 측에서 파업자들을 강제 퇴거시키고 가족들까지 집단 이주시키는 등 파업 저지를 위해 강경책을 쓰자, 노동자들은 회사 근처 러들로에 천막촌을 형성하며 맞섰다. 파업에 참여한 노동자들은 전체 1만 4000여 명 중 1만 1000여 명으로 늘어났고, 무기를 손에 든 양측은 일촉즉발의 상태였다. 멀리 동부에 있던 록펠러와 2세는 상황을 제대로 알기 어려웠다. 결국 10월 17일 양측 간에 총격전이 벌어졌다. 보안관들을 동원한 회사 측은 천막촌 내부를 수색하며 시위자들을 사살했다. 겨울에는 콜로라도에 눈보라가 몰아쳐도 집을 빼앗겨 거처가 없는 노조원들에게 회사는 무관심했다.

일련의 일들 때문에 록펠러 2세는 1914년 3월 하원 광산 광업 분과 위원회에서 일리노이 주 하원 의원들로부터 심문을 받아야 했다. 그는 여기서도 노조에 대해 강력히 성토했는데, 이 같은 발언이 알려지면서 양측은 다시 충돌했다. 수적으로 우세한 회사 측은 천막에 기관총을 난사했고, 두 명의 여성과 열한 명의 아이들이 천막 아래 파 놓은 벙커에서 질식사해 검게 그슬린 채 발견되는 사건이 발생하고 말았다.

록펠러 2세는 이 사건을 보고받은 후 진정 어린 사과조차 하지 않아 많은 비난을 받았으나, 아버지와는 다른 방법으로 노조를 대하기 시작했다. 그는 러들로를 직접 찾아가 노조원들을 인정하고 그들과 대화하면서 문제를 해결하려 했다. '러들로 학살'은 분명 일어나지 말았어야 할 끔찍한 사고였지만, 록펠러 2세는 이를 통해 아버지의 그늘에서 벗어나 독자적인 길을 걷는 계기를 만들었다.

인생의 하프 타임

록펠러는 30여 년간 거대한 사업체를 경영하는 데서 오는 스트레스와 압박감 때문에 차츰 건강이 나빠지고 있었다. 1880년대부터 그는 오전에만 회사에서 일하고, 오후에는 포레스트 힐로 가서 이리 호의 상쾌한 공기를 마시려고 노력했다.

나빠진 건강

록펠러는 1887년 휴양을 위해 처음으로 미국을 떠나 유럽 여행을 가야 할 정도로 몸이 쇠약해 있었다. 그리고 가족들도 그 무렵 온갖 사건·사고를 겪어야 했다. 시내 한 저택에서 램프가 폭발하여 아내 로라의 손과 얼굴에 화상을 입힌 적도 있었고, 큰딸 베시의 결혼을 앞두고는 록펠러의 어머니 엘리자가 시름시름 앓다 하늘나라로 떠났다. 록펠러의 자녀들은 신경 질환에 시달렸다.

'세티'라는 애칭으로 불리던 아내 로라는 1880년대부터 눈에 띄게 쇠약해졌다. 세티는 정밀 검진으로도 나타나지 않는 이상 증세를 보였는데, 1890년대에는 천식과 대장염, 눈과 척추 등의 통증을 호소했다.

50대에 접어든 록펠러도 건강에 조금씩 이상 신호가 오기 시작했다. 특히 정든 클리블랜드를 떠나 뉴욕 생활을 시작하면서 건강이 급격히 나빠졌다. 기관지와 소화 기관, 신경 계통에 이상이 생겼고, 궤양을 앓았다. 장액이 누적되는 병까지 앓게 되었다.

록펠러에게 무엇보다 괴로웠던 것은 탈모증이었는데, 그는 50대가 되기 전부터 발모제를 발라야 했다. 건강이 나빠지면서 록펠러는 머리카락과 눈썹 등 몸 전체의 털이 빠지기 시작했고, 몸도 구부정해져 몰라보게 쇠약한 외모로 변해 갔다. 절제된 생활 습관에 따라 좀처럼 과식하지 않았던 록펠러는 가냘픈 몸매를 갖고 있었는데, 여기에 머리카락까지 빠지면서 2, 3년 만에 20~30년은 늙어 버린 듯한 외모로 변하고 말았다. 결국 그는 가발을 사용하면서 기분이 좋아졌고, 다양한 길이의 가발을 장만해 머리카락을 자르고 기르는 듯한 인상을 주었다. 당시 기술로는 가발로도 한계가 있었으나, 심지어 교회용, 골프용, 산책용 등으로 다른 가발을 사용했다.

록펠러는 몇 달간 회사에 출근하지 않고 여러 차례 휴가를 보낸 후에야 어느 정도 건강을 되찾을 수 있었다. 그리고 앞에서 보았듯, 자신이 아프다는 이야기가 전해지자 일어났던 여러 사건들과 입원 중에 보았던 광경을 계기로 그의 삶은 달라졌다.

그는 죽음을 무척 두려워했기 때문에 차츰 업무보다는 식사와 휴식, 운동에 주력했다. 일과표대로 철저하고 정확하게 운동과 휴식, 식사를 하는 규칙적인 생활을 했을 뿐 아니라, 화를 내지 않고 걱정과 근심을 쌓아 놓지 않으려 노력했다.

"화는 혈액에 많은 독소를 생성하여 체내 조직에 해를 끼칩니다. 화는 사람을 지치게 하고 능률을 떨어뜨리며, 사람을 일찍 쇠약하게 만들지요. 그리고 근심은 중노동보다도 큰 스트레스를 유발한다고 생각합니다."

록펠러는 주치의 비거 박사의 권유에 따라 매일 아홉 시간의 수면과 함께 점심 후 낮잠을 30분씩 꼭 잤다. 여러 종류의 음식을 뜨겁지 않게 조리해 조금씩 천천히 먹으려 했고, 마사지 같은 물리 요법을 유난히 좋아했다. 그에게는 100세까지 살고 싶다는 새로운 목표가 생겼다.

"저도 좀 도와주세요!"

스탠더드오일은 불황이 찾아오거나 석유 가격이 요동쳐도 안정적으로 성장해 나갔고, 록펠러의 재산도 계속 늘어 갔다. 이로써 하나님과의 약속대로 그는 자선 사업에 본격적으로 뛰어들 준비를 마쳤다. 지나치게 꼼꼼하고 완벽주의를 추구하는 록펠러는 자선 사업도 사업을 하듯 철저히 준비했기 때문에, 그로 인해 병이 깊어졌다는 말까지 들었다.

록펠러의 철저한 은둔 생활에도 불구하고, '스탠더드 제국'이 뜰수록 록펠러를 알아보는 이들이 늘어났다. 록펠러가 미국 최고의 갑부라거나 그의 재산이 어느 정도인지, 이 정도면 시간당 얼마를 벌어들이는 것인지 등 온갖 추측 기사들이 매일같이 난무했다. 그러나 록펠러는 호의적인 기사가 나면 어디선가 나타나 도와 달라는 사람들에게 시달렸고, 비난하는 기사가 실리면 고소해하는 사람들 때문에 힘들어 했다. 심지어 유럽에서까지 도와 달라는 편지가 한 번에 수천 통씩 배달되어, 정말 도움이 필요한 편지들을 가려내기 위해 직원을 고용해야 할 정도였다. 또 록펠러의 유명세로 인해 그의 독실한 신앙이 함께 알려지면서 그에게는 자신이 다니던 침례교회 관련 단체들을 비롯해 기독교 관련 단체와 성도들의 도움 요청도 쇄도했다. 지친 록펠러는 어느 날 한 목사를 만나 이렇게 한탄했다.

"여기저기서 도움 요청이 쇄도하고 있습니다. 해결 방법을 고민하느라 지난 이틀 동안 잠도 제대로 못 잤어요."

이렇듯 록펠러가 힘들어 한 이유는, 그가 사업에서 그랬듯 자선 사업도 직접 꼼꼼히 챙기는 스타일이었기 때문이다. 그는 사업을 감독하는 일보다 기부금을 심사하는 일이 더 어렵다고 생각했다. 하지만 그는 자선 사업을 하면서 큰 보람과 기쁨을 느끼고 있었으므로 이 같은 일을 다른 사람에게 넘겨줄 수가 없었다. 록펠러가 이처럼 힘들어도 자선 사업을 직접 관리했던 또 하나의 이유는 힘들게 돈을 번 만큼 가치 있는 곳에 사용하고 싶었기 때문이다. 그래서 도움을 요청하는 사람들을 직접 만났고, 그들이 보내온 편지들을 직접 읽었으며, 필요한 만큼의 후원금을 직접 발송했다.

하지만 건강도 예전 같지 않았고, 재산이 점점 '눈덩이처럼' 불어나 자선 사업 규모도 함께 늘어나면서 혼자 모든 일을 처리하기가 불가능했다. 그래서 많은 이들을 가난에서 구제해 줄 수 있는 근본적인 대책 중 하나인 교육 기관 설립에 관심을 보이는데, 이때 만난 사람들이 바로 오거스터스 H. 스트롱 목사와 윌리엄 레이니 하퍼 그리고 프레더릭 T. 게이츠였다.

시카고 대학 설립

스트롱 목사는 록펠러가 살았던 클리블랜드의 제일침례교회 목사로 돌도 지내지 못하고 세상을 떠난 록펠러의 둘째 딸 앨리스의 장례식을 집전했을 만큼 친밀한 사이였다. 예일대 출신의 스트롱 목사는 1872년 침례교회 주요 신학교인 로체스터 신학교 총장으로 임명받아 동부로 떠났고, 록펠러는 몇 년 동안 그 학교에 장학금을 보냈다. 이후 1880년대 초반, 스트롱 목사는 뉴욕 시에 엘리트를 위한 침례교 대학을 세우고자 록펠러에게 2000만 달러라는 거액의 기부금을 요청했다. 록펠러는 내키지 않았지만, 스트롱 목사의 장남 찰스와 록펠러의 자녀들이 친했기 때문에 대놓고 거절하지는 못했다. 대신 록펠러가 관심을 가진 곳은 1856년에 침례교단 후원으로 개교했다 빚이 쌓여 30년 만에 문 닫을 위기에 처한 시카고 대학이었다.

시카고대 졸업생들은 마지막 순간까지 학교를 살리려 노력했고, 록펠러에게까지 도움을 요청했다. 록펠러가 재정을 지원하고 있던 침례교 연합 신학교의 총장 토머스 W. 굿스피드도 록펠러를 찾아가 대형 침례교 대학을 설립할 적지로서 시카고의 장점에 대해 설명했지만, 그는 정중히 거절했다. 결국 시카고대는 문을 닫게 되었으나, 굿스피드는 포기하지 않고 중서부 지방에 침례교도들을 위한 일류 대학의 필요성을 거듭 역설했다. 결국 그동안 여러 대학에 적지 않은 금액을 기부해 왔던 록펠러는 사업에서 '독점'을 추구했듯 강력한 교육 기관 한 곳을 세우는 일이 어떨까 하는 생각을 하게 되었다. 좀 더 효율적이고 규모 있는 기부를 하고 싶어졌던 것이다.

1888년 5월, 록펠러의 꿈을 실현해 줄 단체가 나타났다. 미국 침례교 지도자들이 침례교 교육을 개혁하기 위해 미국침례교교육협회ABES를 결성한 것이다. 록펠러는 ABES를 통해 훌륭한 침례교 학교들을 선정해 아낌없이 '투자'해야겠다고 결심했는데, 이곳의 사무국장으로 임명된 이가 바로 얼마 전 목사 직을 그만둔 프레더릭 게이츠였다. 게이츠가 침례교회의 교육 실태를 면밀히 조사한 결과, 대부분의 침례교 학교들이 시골에 위치하여 중서부 지역 학생들이 다른 교단의 학교로 진학하는 경우가 더러 있음이 확인되었다. 게이츠는 이러한 조사 결과와 함께 미국 2대 도시로 성장하여 당시 인구가 1700만 명에 달했던 시카고의 매력이 설명된 보고서를 록펠러에게 제출했다. 록펠러는 언제든 집으로 불러 이야기를 나눌 정도로 친밀했던 성경 학자 윌리엄 레이니 하퍼와 충분히 논의한 다음 시카고 대학 재건과 발전을 돕기로 결심했다.

록펠러는 세 가지 방향으로 발전 계획을 수립한 뒤, 먼저 시카고에 단과대와 종합대를 세우고 뉴욕에는 스트롱 목사를 달래기 위해 신학교를 설립했다. 서부에는 단과 대학 트러스트를 구축한 뒤 서부 전역의 이 단과 대학들을 하나로 묶어 시카고 대학과 공동으로 운영하기로 하면서 ABES를 자신의 기부 사업 통로로 이용했다.

록펠러는 일회성 기부보다는 전 세계를 먹여 살릴 수 있는 연구 기관을 지목해 지원하는 방식을 선호했다. 그는 시카고 대학을 설립한 것에 대해 이렇게 이야기했다.

"악은 근원부터 완전히 없애야 하는데, 이를 이루어 낼 힘은 바로 교육에 있습니다. 대학에 자금을 지원하면 학교를 나온 졸업생들이 전국에서 자신들의 문화를 퍼뜨리고 무지와 싸우면서 실용 지식을 널리 전파할 것입니다."

록펠러는 시카고 대학 설립을 준비하면서 자신으로부터 독립하여 더 크게 성장할 조직을 꿈꾸었다. 그러한 마음으로 시카고 대학에 60만 달러를 기부하고, 1년간 ABES가 나머지 40만 달러를 다른 개인 및 단체로부터 기부받도록 지시했다. 1890년 1월, 마셜 필드라는 침례교인이 시카고 남부에 있는 땅을 시카고 대학에 기부하는 등 학교 설립 과정은 순조롭게 진행됐다. 넉 달 후인 1890년 5월, 시카고 대학은 설립 허가를 받았고, 초대 총장은 그의 친구가 된 윌리엄 하퍼가 맡았다.

자선도 사업처럼

록펠러는 자신의 자선 사업을 상징하는 시카고 대학 설립을 계기로 기부에 대한 명확한 원칙을 정할 수 있었다. 탁월한 사업가였던 록펠러는 자신만의 경영 방식을 자선 사업에도 똑같이 적용하려 했다.

자선 사업의 원칙

록펠러는 여러 곳에 조금씩 기부하기보다 한꺼번에 큰 금액을 기부하는 방식을 중시했다. 그리고 '자수성가'했던 자신의 경력 때문에 교육 사업에도 큰 뜻을 두고 있었다. 매사 유쾌하면서도 진지했던 록펠러는 자선 사업에서도 그러한 태도를 유지했는데, 다른 졸부들처럼 조금 내놓고 생색을 내는 짓은

하지 않았다. 그의 청지기 의식 때문이었다.

"하나님을 믿는 사람이라면 누구든, 은혜로 주신 재물을 그분을 위해 사용해야 한다고 생각합니다. 저는 이러한 사실을 알게 되어 매우 기쁩니다."

남북 전쟁이 끝난 지 얼마 되지 않았던 당시에는 아직도 흑인과 여성에 대한 차별이 심해서, 여성은 결혼하면 가정을 지켜야 했고, 흑인은 고등 교육을 받기도 쉽지 않았다. 이에 록펠러는 흑인 여성 학교에 기부하면서 이러한 사회 문제에 대한 관심을 표출했다. 평등을 강조했던 침례교회의 분위기처럼, 록펠러는 당시 사업가들과는 달리 흑인들의 삶의 질에 큰 관심을 보였다. 전쟁 중에는 흑인 목사들과 교회, 고아원, 청각 장애인들을 돌보기도 했다.

록펠러는 이처럼 흑인과 여성, 장애인 같은 소수자들에게 곧바로 재정을 후원해 주기보다는, 교육의 기회를 제공하면서 그들이 능력을 갖추어 스스로 일어서기를 원했다. 그리고 자신처럼 신앙생활에서 우러나오는 절제와 검소한 생활을 갖추도록 했다.

록펠러는 전쟁 후 해방된 노예들의 교육을 맡고 있던 신임 교사 소피아 B. 패커드와 해리엇 E. 자일스를 만나면서 흑인 교육에 좀 더 관심을 기울이게 되었다. 패커드와 자일스는 남부의 흑인 학교들을 돌아보다 흑인 여성들을 위한 교육 시설이 너무 열악한 사실에 큰 충격을 받아, 글을 읽지 못하는 흑인 여성들을 위해 애틀랜타에 여성 침례 신학교를 세웠다. 이들이 같은 교단인 클리블랜드 윌슨 애버뉴 침례교회로 찾아와 도움을 청하자, 록펠러는 그곳 학교 이야기에 큰 감명을 받아 많은 돈을 내놓았다. 록펠러는 일회성 도움에 그치지 않고, 해가 바뀐 후 땅과 건물들을 매입해 주는 등 지속적으로 도우면서 5000달러의 빚을 청산해 주기도 했다. 학교가 점차 발전해 학생 수가 450명에 달했을 때, 두 명의 교사가 학교 이름을 '록펠러 대학'으로 하면 어떻겠느냐고 제안했지만 그는 정중히 사양하고, 대신 오래전부터 흑인들을 위해 애써 왔던 처가의 성을 따 스펠먼이라는 이름을 붙이도록 했다. 사람들 앞에 나서기를 꺼리던 록펠러도 스펠먼 신학교의 개교 3주년에는 감동 어린 연설을 했다.

"사람들이 이곳을 신뢰하도록 하는 일은 여러분의 마음에 달려 있습니다. 이 원대한 일을 위해 하나님께서 작은 기회를 주셨습니다. 저는 이 자리에 있다는 사실이 너무 감사합니다."

록펠러는 이들이 자신에게 지나치게 의존할까 봐 적당한 거리를 유지했는데, 이는 자신의 아버지 '빅 빌'을 연상케 했다. 이 같은 지원과 헌신으로 스펠먼 신학교는 미국에서 가장 유명한 흑인 여성 교육 기관으로 발전을 거듭했다.

이와 함께 자선 사업에 있어 해당 분야의 전문가 의견을 중시하고, 반드시 그를 통해 기부금을 전달했다. 록펠러는 스펠먼 신학교에 기부금을 내놓을 때도 미국 침례교 가정 선교회 소속의 헨리 L. 모어하우스 박사의 지도와 조언을 거쳤다. 여기저기서 기부해 달라는 요청이 빗발치자, 그는 모어하우스 박사 앞으로 편지를 보내 '아무나 기부금을 요청하지 못하도록 가정 선교회를 통해 모든 기부가 이루어지게 하는 편이 낫지 않을까요?'라며 의견을 묻기도 했다. 또 자기 이외의 다른 사람에게도 기부 활동을 권유할 수 있도록 목표액을 정해 놓고 그중에서 일정 금액을 약속하는 현대적인 기부 방식을 사용한 적도 있었다. 이 같은 방식은 앞서 등장한 시카고 대학 설립 때도 사용했다.

또 다른 부자, 카네기

록펠러가 시카고 대학에 기부하기로 결정한 지 몇 주가 지난 1889년 6월, 당시에도 '철강왕'으로 알려져 있던 앤드루 카네기가 한 잡지에 '부富'라는 제목의 수필을 실었다. 카네기는 수필에서 부유한 기업가들과 가난한 노동자들의 생활 수준 차이가 점점 벌어지면서 자본주의 사회가 흔들리고 있다며, 이를 해소할 방안으로 가치 있는 일에 많은 돈을 내놓자고 제안했다. 마치 2000년대 '오마하의 현인' 워런 버핏을 보는 듯한 이 제안을 내놓으면서 카네기는 선포했다.

"부자로 죽는 일은 불명예스럽다."

록펠러는 자신과 평소 친하지는 않았지만, 기부에 대해 비슷한 생각을 하고 있던 카네기의 글에 큰 감명을 받아 카네기가 이 같은 기부의 일환으로 전국에 도서관을 세우겠다는 계획을 발표했을 때도 적극 동의했고, 피츠버그에 도서관이 문을 열자 축하 편지를 보냈다.

"저는 더 많은 부자들이 카네기 당신처럼 돈을 쓸 줄 알아야 한다고 생각합니다. 당신의 모범적인 행동이 반드시 결실을 맺어, 다른 많은 부유한 사람들도 이처럼 적극 기부에 나서리라 믿습니다."

카네기는 후일 전 세계에 걸쳐 2800여 곳의 도서관을 설립했다. 카네기와 록펠러 같은 사업가들은 이처럼 사업에서 얻은 노하우와 정신력을 자선 사업에도 적용해, 큰 성과를 이루었다. 록펠러는 사업에서도 낭비와 중복 투자를 줄이려 하는 한편, 기부에도 연구 조사가 필요하다고 생각했다. 또 석유 사업을 하면서 끊임없는 가격 변동과 매장량을 알 수 없어 불확실했던 원유 시장 등에 대한 불안을 제거하려고 애썼던 것처럼, 기부 사업에 있어서도 좀 더 많은 기부자를 모으려 했다.

"가능한 한 많은 사람들에게 혜택이 돌아가야 한다는 것이 우리가 하는 기부 활동의 기본 원칙이 되어야 합니다. 돈 없는 사람들에게 돈을 쥐여 주기보다는, 돈이 없어지게 된 원인들을 살피고 이를 제거하는 데 힘쓴다면 좀 더 광범위하고 가치 있는 일이 일어나리라 확신합니다."

동역자 게이츠

록펠러가 기부 사업으로 두 번째 인생을 설정하면서 가장 많은 도움을 받았던 인물이 프레더릭 T. 게이츠 목사였다. 젊고 잘생긴 얼굴에 곱슬머리로 배우 같은 화려함을 지닌 게이츠 목사는 뉴욕 토박이에 침례교회 목사의 아들이었다. 록펠러를 만났을 때 서른여덟 살에 불과했던 게이츠는 논리적이면서도 활발한 성격이었다.

록펠러는 이런 게이츠가 마음에 든 데다 시카고 대학 설립 과정에서 그가 일했던 방식을 보았기 때문에 그와 자선 사업을 '동업'하기로 결심한다. 록펠러의 자선 사업은 날로 재정 규모와 조직이 방대해지고 있었는데, 혼자서 모든 일을 해내는 데 한계가 왔기 때문이다. 1889년에 12만 4000달러를 내놓았던 록펠러는 1890년 30만 4000달러, 1891년 51만 달러 등으로 매년 두 배 가까이 기부 액수가 늘어나고 있었다. 시카고 대학에 관여하기 시작한 1892년에는 또다시 두 배 이상 늘어난 135만 달러를 기부했다. 건강도 좋지 않았기 때문에, 그는 게이츠에게 다음과 같이 부탁했다.

"게이츠 씨, 나는 밀려드는 기부 요청으로 견딜 수 없을 지경이 되었어요. 이제 나 혼자서는 이 모든 요청들을 처리할 시간도, 힘도 없어졌는데 말입니다. 하지만 나는 성격상 적재적소에 기부한다는 확신이 들 때까지 조사해 보지 않고서는 선뜻 돈을 내놓을 수 없거든요. 석유 사업보다 자선 사업에 더 많은 힘을 쏟고 있습니다. 그래서 당신이 뉴욕으로 와서 나를 도와주었으면 하는데, 어떻게 생각하나요?"

게이츠는 록펠러의 제안을 수락하고, 석 달 뒤 뉴욕으로 가족들을 데려와 록펠러의 '기부 담당자'가 되었다.

게이츠는 록펠러의 자선 사업을 맡아 관리하면서, 의외로 록펠러의 돈이 많이 새고 있음을 확인했다. 록펠러에게 돈을 뜯어내기 위해 수많은 사기꾼들이 달라붙어 있었던 것이다. 그래서 게이츠는 지원을 원하는 사람들에게 정확한 문서를 작성하도록 지시했고, 그 문서들을 록펠러처럼 꼼꼼히 검토한 후 가장 지원이 필요하다고 생각하는 사람들을 추려 냈다. 그리고 직접 기부하기보다는 공적인 기관을 통해 기금을 전달하는 방식을 정착시켰다.

그와 함께 다소 무분별한 투자를 일삼던 록펠러의 사업 방식에 대해서도 손질했다. 조사도 해 보지 않고 친구들의 추천에 덥석 투자금을 내놓곤 하던 록펠러가 자신의 행동을 말려 달라고 게이츠에게 부탁한 것이다. 그래서 게이츠는 록펠러의 사업 투자에도 관여했는데, 그가 막은 투자는 대부분 가치가 없거나 사기였음이 드러났다. 게이츠는 록펠러의 많은 재산이 적재적소에 쓰이는 데 큰 공헌을 했다.

최고의 선물, 가족

대부분의 성공한 사업가들이 가정을 돌보지 못한 것을 자책하는데 록펠러는 달랐다. 그는 무엇보다 가정을 소중한 가치로 여겼고, 한결같은 자세로 아내와 자녀들을 대했다. 록펠러는 '사업'과 '가정' 두 마리 토끼를 잡을 수 있다는 사실을 몸소 보여 준 사람이었다.

로라의 자녀 교육

병상에서 일어난 후 조금씩 손에서 일을 놓기 시작한 록펠러는 남은 시간을 가족들과 함께 지내는 데 쏟았다. 록펠러는 자녀들을 학교에 보내지 않고 개인 교사들을 불러 집에서 가르쳤다. 아이들에게 자신이 큰 부자라는 사실을 알리고 싶지 않앉을뿐더러, 세속적이고 타락한 가치관으로부터 아이들을 보호하고 싶었기 때문이다.

그렇게 사랑하는 가족들과 좀 더 많은 시간을 보낼 기회가 왔지만, 가족들은 건강이 좋지 않았다. 큰딸 베시는 성격도 활발하고 공부도 좋아했는데 시력이 좋지 못했고, 40세의 젊은 나이에 세상을 떠났다. 막내딸 에디스도 건강이 좋지 못했다.

아내 로라도 마찬가지였다. 여러 병을 앓고 있던 아내는 점점 쇠약해지면서 신경도 날카로워지기 시작했다. 로라는 이미 1880년대부터 몸이 약해져, 웬만한 집안일은 아들 록펠러 주니어에게 맡겼다. 록펠러는 그런 로라 옆에서 지극정성으로 간호했다. 그는 로라에게 책을 읽어 주거나, 정원을 개조해 많은 꽃을 보여 주며 기분 전환을 하도록 했다. 바쁠 때는 아내에게 편지를 보내 애정을 표했는데, 지극히 일상적인 이야기들로 내용을 채웠다. 로라가 아프기 전에는 시시콜콜 사업 얘기를 늘어놓았지만, 예민해진 아내에게 더 이상 그런 말을 하기는 어려웠다.

1890년대가 되면서 로라에게는 천식과 대장염이 생겼고, 눈과 척추에도 병이 찾아왔다. 의사들은 장 질환에 시달리는 로라에게 과일과 채소를 끊고 우유와 크림, 버터와 달걀 등 영양소가 풍부한 음식을 먹을 것을 권했다.

그런 로라에게 남편 록펠러는 '초인'과 같은 사람이었다. 점잖고 다정했던 세티는 남편이 사업을 확장하는 과정에서 숱한 비난을 받을 때마다 하나님께 매달렸다. 교회에서 안식처를 찾은 로라는 록펠러를 향해 '오랜 세월이 지났어도, 내게는 언제나 영웅'이라고 속삭였다. 결혼한 지 몇십 년이 지났어도 둘은 여전히 한결같은 '금슬 좋은 부부'였다.

로라는 자녀들이 모두 성인이 되었을 때도 변함없이 그들에게 '신앙'을 강조했다. 시름시름 앓으면서 더욱더 하나님께 의지하게 되었기 때문이다. 그녀는 집안을 이끌고 나갈 아들 록펠러 2세가 성인이 되는 스물한 살 생일에 다음과 같이 말했다.

"네가 집에 있든, 집에서 떠나 멀리 있든 하나님을 위해, 또 너희 친구들의 영혼을 구원하기 위해 맡은 일에 최선을 다해야 한다. 그것이 생일을 가장 보람 있게 보내는 길이겠지?"

이 같은 로라의 자녀 교육은 록펠러도 인정하는 것이었다. 한 기자가 록펠러에게 그가 이룬 가장 탁월한 업적 두 가지가 '록펠러 의학 연구소'와 '록펠러 2세'라고 말하자, 그는 이렇게 말했다.

"뒤의 것은 제가 한 일이 아닙니다. 그 녀석 어머니의 업적이라고 할 수 있죠."

로라는 뉴욕으로 떠나기 전, 왜 아이들이 아직도 세례를 받지 않았느냐는 질문을 여러 차례 받고는, 아이들을 모아 '집중

기도 모임'을 열었다. 그래서 맏딸을 제외한 앨타와 에디스, 존 록펠러 2세 등 세 명은 클리블랜드를 떠나기 전에 세례를 받았다. 로라는 그때의 감격을 잊지 못했다.

"그날 아침 예배 후 세상은 정말 아름다웠어요. 감동적이기까지 했어요. 주위에는 꽃과 풀이 만발했고, 하늘엔 비둘기가 날아다녔죠."

뉴욕 생활과 자녀들

이후 유행의 최첨단을 달리던 뉴욕의 맨해튼에 살면서도, 록펠러와 가족들은 어떠한 유혹에도 휩쓸리지 않고 선교와 금주, 금요 철야 기도회에 꼬박꼬박 참석했다. 금주 운동 모임에도 적극적으로 활동하면서, 당시 유명했던 부흥사 드와이트 무디를 재정적으로 도와주었다.

교회 사람들이나 사업 동료들을 집으로 초청해 파티를 연 적은 있지만, 사교 모임에는 클리블랜드 시절처럼 여전히 나가지 않았다. 록펠러 부부는 재물 때문에 자신들의 가치관이 타락할까 늘 경계하며, 5번가에 있던 피프스 애버뉴 침례교회를 다니면서 더욱 철저한 신앙생활을 지켜 나갔다. 록펠러는 교회 재정을 관리했고, 아내와 자녀들은 주일 학교 교사로 봉사했다.

뉴욕에 온 뒤로 자녀들은 다시 학교를 나가기 시작했다. 여성 교육이 활발하지 않을 때였지만, 베시와 앨타, 에디스 등 세 명의 딸을 웨스트체스터 카운티의 라이 여성 신학교로 보냈다. 그곳에는 오위고에서 자신을 가르쳤던 라이프 여사가 교장을 맡고 있었다. 하지만 록펠러가 자녀들에게 자신이 엄청난 부자임을 알리지 않았기 때문에, 늘 수수한 옷차림을 하고 다녔던 자녀들은 더 나은 삶을 향한 동기 부여를 잃지 않을 수 있었다. 록펠러는 그리 많지 않은 용돈을 주면서도 자녀들에게 여러 차례 낭비를 경계했다.

"돈을 쓸 때는 아주 아껴 써야 한다. 너희들도 커서 가난한 사람들을 도와줄 능력을 갖춘 사람이 되길 바란다."

점차 손에서 일을 놓게 된 록펠러는 허드슨 강이 보이는 전망 좋은 땅을 사서 '포캔티코 힐스'라는 이름을 붙이고, 조용히 여생을 보낼 작정이었다. 그는 예전부터 집 외관을 화려하게 꾸미기보다는 정원에 많은 공을 들였고, 주민들이 산책할 수 있도록 개방했다. 그리고 더운 여름이 오면 다시 클리블랜드의 포레스트 힐로 돌아갔다.

록펠러는 당시 인기 절정에 있던 자전거를 배우기 시작했다. 무슨 일이든 '끝장'을 보는 성격처럼 자전거 타기에 집중한 결과, 점프 묘기를 선보이기까지 했다. 그는 공학 책까지 펴 가면서 온갖 묘기를 개발했고, 산 정상까지 자전거 등반을 계획하기도 했다. 집을 방문한 손님들에게도 자전거 타기의 효과를 설명하면서 타 볼 것을 권했다. 타 보겠다는 손님들에게 너무 열심히 훈련을 시킨 나머지, 숨을 헐떡이는 이들도 있었다. 하지만 록펠러는 그들을 남겨 둔 채 페달을 힘차게 밟으며 숲 속으로 달려가 버렸다.

록펠러는 토요일에 회사 일을 쉬면서 예전부터 꿈꾸던 '은퇴'를 준비했다. 스탠더드오일을 함께 이끌었던 동료들도 하나둘 사라지고 있었다. 초창기부터 함께한 플래글러는 남부 플로리다 습지대에 휴양지를 건설하느라 바쁜 데다, 두 번째 부인과도 정신 이상을 이유로 이혼하면서 록펠러와의 사이가 벌어졌다.

록펠러를 이어 스탠더드 제국을 이끌 사람은 존 D. 아치볼드로 정해졌다.

2세, 대학에 입학하다

록펠러 2세는 부모의 가르침에 따라 신실하게 자라났다. 적지 않은 재산에도 록펠러 가족은 '절약'을 최대 가치로 삼았기 때문에, 록펠러 2세는 일곱 살이 될 때까지 누나들이 물려준 옷을 입고, 요리와 바느질을 배워야 했다.

록펠러 2세는 그렇게 엄격한 부모의 교육 아래 차근차근 '후계자 수업'을 받았다. 그래서 대학에 입학하기 전까지는 혼자 멀리 떠나 본 적도 없어 다소 내성적이었다. 아버지가 미국에서 가장 돈이 많았지만, 다른 집 아이들보다 용돈이 넉넉하지도 않았다. 한때는 신경 쇠약에 걸려 록펠러의 휴양지 포레스트 힐에서 일꾼들과 함께 통나무를 자르고 돌을 옮기면서 건강을 되찾았다.

1893년 9월, 록펠러 2세는 오랜 역사를 자랑하는 침례교파의 브라운 대학에 입학했다. 그는 원래 예일 대학에 뜻을 품어 예비 입학시험까지 통과했는데, 예일 대학의 사교계가 몹시 방탕하다는 이야기를 듣고 친한 친구들이 다니는 브라운 대학으로 방향을 틀었다. 그는 기숙사로 들어가자마자 교회부터 찾았고, 기도회에 참석했으며, 주일 학교 교사를 맡아 봉사하는 '열혈 청년'이 되었다. 그런 록펠러 2세의 모습에 그의 부모는 기뻐했다.

록펠러 2세는 부모님과 떨어져 지내면서 많은 것을 새롭게 배울 수 있었다. 새내기가 된 그는 합창단과 만돌린 클럽, 현악 4중주단 등 다양한 동아리에서 활동했다. 학업에도 열심이어서 우등생 친목회에 쉽게 들어갔다. 그러나 부모의 철저한 신앙 교육으로 '지킬 것은 지키는' 대학생이었다. 술과 담배를 멀리했고, 주일에는 신문도 읽지 않았다.

특히 록펠러 2세의 친구들은 '부자 아빠 가난한 아들'을 보고 놀랐다. 록펠러 2세는 서로 달라붙은 2센트짜리 우표 두 장을 물에 적셔 떼어 냈고, 그릇 닦는 행주를 꿰매어 다시 사용했다. 그는 스스로 단추를 달 줄 알았고, 바지를 직접 다려 입었다. 또 아버지처럼 모든 수입과 지출을 조그마한 수첩에 꼼꼼히 기록해, 친구들의 놀림을 받기도 했다. 이렇게 친구들과 어울리며 록펠러 2세는 수줍음 많고 무뚝뚝하며 자신감 없는 성격에서 벗어나 조금씩 사교적이고 자신감 있는 사람으로 변하고 있었다.

3학년이 되면서 과 대표가 된 록펠러 2세는 과 친구들을 설득해 과 모임에서 술 마시는 전통을 금지시켰고, 몇 번이나 손에 맥주잔을 들었지만 유혹을 참아 냈다. 이 소식을 들은 록펠러는 편지를 썼다.

"존, 너는 세상에 나오던 날부터 언제나 우리의 자랑이자 위안이었어. 하지만 너 같은 아들을 둔 사실이 오늘처럼 고마웠던 적도 없단다. 네 편지를 읽고 아버지는 너무 기뻐 눈에서 눈물이 흘러내리고 있구나."

그러나 록펠러 2세는 아버지가 하지 않았던 연극 감상과, 어머니가 금지시켰던 춤은 조금씩 접했다. 또 여름 방학 때는 수염을 기르고, 친구들과 유럽으로 자전거 여행을 다녀오기도 했다. 미식축구에도 열심이었다.

무엇보다 록펠러 2세는 댄스파티에서 만난 여학생 애비 올드리치를 만나면서 많이 변했다. 자신의 부모가 학창 시절부터 교제한 뒤 결혼에 골인했던 것처럼, 록펠러 2세와 공화당 상원 의원 넬슨 올드리치의 딸 애비 올드리치는 7년 후 결혼했다.

록펠러의 다섯 가지 습관

산업이 한창 성장하던 1800년대 후반, 미국에서는 누구에게나 부자가 될 기회가 열려 있었지만, 부자가 되지 못한 사람도 많았다. 그 시대 시골의 가난한 집 아들로 태어나 세계 최고의 부자가 된 록펠러에게는 남들과 다른 어떤 특별함이 있었던 것일까?

타고난 성실함

록펠러가 크게 성공한 이유로 '근면과 성실'은 더 이상의 설명이 필요 없으며, 결코 빠질 수 없는 첫 번째 덕목이다. 그는 아침 일찍 일어나 하루를 준비했던 '새벽형 인간'으로서, 해야 할 일을 하지 않거나 오늘 할 일을 내일로 미루지 않았다. 아버지가 자주 자리를 비웠기 때문에, 록펠러는 어린 시절부터 어머니와 동생들을 지키는 가장 노릇을 해야 했는데, 이때부터 책임감을 키워 나갔다. 젊은 시절부터 그는 동생들에게 선물을 주거나 돈을 빌려 주었고, 돌아가신 외할아버지가 어머니에게 남긴 유산을 관리했다. 회계 업무로 처음 취직해 바쁜 와중에도 새로 짓고 있던 가족들의 집을 직접 감독했다.

록펠러는 일 자리를 구할 때도 찌는 듯한 더위 속에서 포기하지 않고 두 달간을 클리블랜드 골목 이곳저곳을 뛰어다녔다. 한 번 거절당한 곳을 두세 번 다시 찾아가기도 했는데, 아무리 당시 직장 구하기가 하늘의 별 따기였다지만 자존심을 내려놓아야 하는 쉽지 않은 일이었다. 하지만 록펠러는 낙천적인 성격과 자신감으로 끝내 취직에 성공했다.

꿈에도 그리던 취직을 한 뒤에는 매일 새벽 6시 30분이면 회사로 출근했다고 하니, 늦어도 5시 30분에는 일어났을 것이다. 석유 사업 초창기에는 사장임에도 불구하고 새벽 6시 30분에 멀리 석유통 제작소까지 찾아가 잡일을 도왔다. 보조 장부 계원으로 일할 때도 그는 자신의 업무뿐 아니라 회사의 전반적인 시스템을 피부로 느끼며 장래를 준비했다. 그리고 무슨 일을 하든 '완벽주의'를 추구해 대충 넘어가는 일이 없었고, 모든 세부 사항을 꼼꼼히 살폈다. 원리 원칙에 맞지 않거나 사리사욕을 위한 '꼼수'도 부리지 않았다. 다른 이들에게는 고지식해 보였지만, 하나님은 그런 록펠러를 지켜보고 계셨음을 그는 알고 있었을 것이다.

록펠러는 또 철저한 계획 아래 정해진 삶의 틀을 유지함으로써 온갖 유혹을 이겨 냈고, 재물을 얻으면서 타락하거나 멸망한 수많은 졸부들의 뒤를 따르지 않을 수 있었다.

검소하고 나누는 생활

록펠러는 사업을 하면서 무엇보다 '숫자'를 중시했지만, 돈을 주인으로 섬기는 사람은 아니었다. 그래서 벌어들인 돈을 사치스럽게, 무절제하게 낭비하는 생활을 하지 않았다. 집을 지을 때도 철저하게 실용성에 초점을 맞추었다. 아마 "돈을 사랑함이 일만 악의 뿌리"(디모데전서 6장 10절)라는 성경 말씀을 기억했을 것이다. 대신 록펠러는 사업을 일종의 '사명'처럼 생각하여, 자신이 돈을 많이 벌어서 어렵고 힘든 많은 이들에게 희망을 주고자 했다. 또 화려한 치장을 하고 돈을 헤프게 쓰는 사람들과 어울리는 것을 싫어했다. 그 시대에는 재산을 과시하려고 경쟁적으로 애쓴 거물들이 많았는데, 록펠러는 옷이든 집이든 평범하고 수수한 것을 선호했다.

가족들에게도 돈의 '진정한 가치'를 알려 주려고 노력했다.

록펠러는 아들에게 화분을 고치거나 부러진 만년필을 수리하고, 연필을 깎는 '노동'을 해야만 용돈을 주었다. 자녀들이 나쁜 버릇에 물들까 염려했기 때문이다.

하지만 록펠러는 무엇보다 절약해야 할 것이 시간이라고 생각했다. 록펠러는 자녀들에게 약속 시간을 정확히 지키는 걸 강조했는데, 일찍 오거나 늦게 오는 것 모두 용납하지 않았다. 록펠러의 가족은 매일 아침 식사 전 함께 모여 록펠러의 기도를 받았는데, 그 자리에 늦으면 1센트씩 벌금을 물렸다.

이처럼 악착같이 돈을 모았지만 나눠 주는 일에는 결코 인색하지 않았다. 공공의 이익을 위해 많은 돈을 아낌없이 내놓는 사람이었다. 이렇게 록펠러 같은 산업화 초기 부자들이 쌓아 놓은 아름다운 '나눔의 전통'이 있었기에, 오늘날 그 흐름은 빌 게이츠와 워런 버핏 같은 '나눔의 아이콘'으로 이어질 수 있었다. 그는 일찍부터 예배드리러 온 신도들 중에 가난한 사람들을 보면 그냥 지나치지 못하고, 악수하면서 슬쩍 돈 봉투를 쥐여 주곤 했다. 그의 집 정원은 늘 개방돼 있어 자전거를 타려는 사람들과 스케이트를 즐기는 사람들로 붐볐다. 스탠더드오일 직원들에게도 월급을 후하게 챙겨 주었고, 그 시대에 의료 보험과 퇴직 연금을 도입해 직원들의 노후와 질병에도 관심을 기울였다.

신뢰로 권한을 위임하다

스탠더드오일은 석유 산업에 관한 한 '원유 시추부터 판매까지' 모든 공정을 관리하는 '규모의 경제'를 실현한 기업 집단이 되었다. 이를 통해 가장 주력했던 등유 품질 개선은 물론 정제 과정에서 나온 부산물 개발과 제품 포장, 운송, 유통 경로의 단순화 등 많은 현대적 경영 기법을 탄생시켰다. 그래서 지금도 석유 산업에서 큰 공헌을 했음은 물론이고, 미국 산업 발전과 기업의 현대화 역사에서도 중요한 인물로 등장한다.

여러 지역에서 다방면의 일을 하는 수십 개의 회사가 '스탠더드오일'이라는 이름으로 한 가지 목적을 향해 나아갈 수 있었던 것은 위원회 제도 때문이었다. 각각의 실무는 현장 관리자들이 융통성 있게 처리했지만, 전체 방향을 이끌고 나가는 것은 간부 위원회였다. 이들은 5000달러 이상의 모든 지출과 월 50달러 이상의 월급 인상에 대한 최종 결정권을 갖고 있었으며, 특정 회사가 지나치게 치고 나가는 것을 막을 권한도 있었다. 간부 위원회에는 운송, 송유관, 수출, 제조 등 부문별 전문 위원회가 있어 각 부문별 품질의 최소 기준을 수립해 놓았다. 그리고 분야별 전문가들이 함께 모여 토론하면서 낭비와 중복 투자를 막고, 시너지 효과를 낼 수 있도록 했다. 지금의 '사장단 회의'와 같은 이러한 위원회 제도 때문에 스탠더드오일은 지금의 재벌처럼 석유 산업에 관한 한 기업 내에서 모든 일을 처리할 수 있었다.

그러면서도 각각의 회사에는 자율성을 부여했다. 스탠더드 오일은 각 회사의 일부 지분만을 소유할 뿐이었고, '합병'이 아닌 '연합'의 형태였다. 록펠러는 연합의 형태로 함께했던 기업들의 경우 경영의 자율성을 철저히 보장했다. 그는 개별 위원회 모임에는 절대 참석하지 않았고, 가끔 위원장들 모임에 나타났다. 그러면서도 기업별 성과표를 만들어 이를 통해 포상을 실시하는 등 매너리즘에 빠지지 않고 성장의 동력을 끊임없이 마련하기 위해 노력했다. 다른 회사들과의 경쟁을 원천 봉쇄하는 '독점'을 추구하면서, 트러스트 내 기업들 간에는 끊임없는 경쟁을 유도한 것이다.

그의 사람 쓰는 법은 이랬다.

"내가 바라는 것을 해낼 수 있는 사람을 찾아내서 모든 것을 맡겨라. 그리고 남는 시간에 새로운 사업을 구상하라."

앞을 내다보는 판단력

이러한 다소 복잡하면서도 느슨한 연대가 가능했던 이유는 록펠러만의 독특한 카리스마에 있었다. 록펠러는 그들을 신뢰한다는 의미로 각 회사들의 주식을 계속 사들이면서도 그들과 달리 사치를 멀리하고 절약하는 습관을 철저히 유지했다. 그는 어떠한 풍파에도 흔들리거나 당황하지 않았는데, 이런 점은 동료들로부터 찬사를 듣기에 충분했다. 그의 침착함은 동료들까지 안심시켰다. 록펠러에 이어 스탠더드 제국을 이끌게 된 아치볼드는 이렇게 말했다.

"록펠러 씨는 늘 우리보다 훨씬 더 멀리 내다봅니다. 그러면서도 세부적인 사항들을 놓치지 않았습니다. 그리고 우리가 그를 따라가려 애쓰는 동안, 그는 또 다른 목표를 찾아 움직이고 있죠."

한 다른 임원도 이러한 록펠러의 능력에 놀라워했다.

"록펠러 씨는 정말 슈퍼맨 같습니다. 엄청난 규모의 새로운 사업 시스템을 고안해 냈고, 우리가 보기에는 불가능할 것 같은 어려움들도 슬기롭고 끈질기게, 그리고 대담하게 극복해 냈습니다. 그는 뭐든 해낼 수 있다는 자신감을 갖고 될 때까지 목표를 바라보며 앞으로 전진하는 사람이에요."

록펠러는 기업의 최종 결정권자로서, 수많은 정보들을 재조합해 기업이 나아가야 할 방향을 제대로 수립하는 신화적인 CEO였다. 그는 꼼꼼하고 신중했지만, 행동이 필요할 때는 주저하지 않고 과감하게 움직였다. 충분한 검토를 거치고 나서 확신을 가진 사업이라면, 누가 뭐라든 비용이 얼마가 들든 밀어붙였다. 1885년 리마에서 이제까지 발견된 유전 중 가장 큰 규모의 유전이 발견되었을 때, 품질이 못 미더워 시추를 망설이던 여느 업자들과 달리 수백만 달러를 쓰면서 일대의 땅을 모두 사들여 큰 성공을 이루었던 것이 대표적이다. 그는 평소 등유의 품질 개선에 많은 노력을 기울였기 때문에, 그리고 원유 품질이 어느 정도이든 좋은 품질의 등유로 정유할 수 있으리라는 자신감이 있었기에 가능한 일이었다.

청교도적 신앙

록펠러는 신앙생활을 하듯 사업에 임했고, 사업을 하듯 치열하게 신앙생활을 했던 인물이었다. 그는 고통받는 인류를 위해 하나님께서 등유를 선사했다고 믿었다. 그래서 원유 매장량 때문에 주저하던 많은 석유 업자들과 달리 석유 산업에 대한 확신을 갖고 집요하게 꿈을 키워 나갈 수 있었다. 종교와 사업 모두에 소명 의식을 갖고 있던 록펠러에게 신앙과 자본주의는 인생의 두 축과 같았다.

그는 미국에서 두 차례 크게 일어났던 대각성 운동과 찰스 피니 같은 부흥사들의 영향을 받아 청교도적인 생활을 했다. 특히 계몽주의와 진화론 등으로 어지러웠던 사회 분위기에서도 굳건하게 자신의 신앙을 지켰다. 어린 시절 아버지가 자주 집을 비우는 통에 가장처럼 살아야 했기에 그에게 교회는 피난처이자 힘이 되어 주었다. 그래서 청소년 시절에는 교회 관리인처럼 주일이면 주일 학교 교사부터 종 치는 일까지 모든 일을 맡아 봉사했다. 이 같은 그의 신앙생활은 사업 평판에도 좋은 영향을 미쳐, 어려운 시절에도 은행에서 쉽게 대출을 받을 수 있게 이끌어 주었다.

록펠러는 이처럼 신앙의 토대 위에 사업의 성공을 이루었는데, 늘 자신은 '청지기'로서 하나님의 돈을 잠시 맡았다가 좋은 일에 사용할 뿐이라고 생각했다. 막스 베버가 『프로테스탄트 윤리와 자본주의 정신』에서 언급했듯, 록펠러는 하나님 주신 소명을 갖고 부를 추구했다. "내게 능력 주시는 자 안에서 내가 모든 것을 할 수 있느니라"(빌립보서 4장 13절)는 말씀대로, 록펠러는 사업에 최선을 다했으며 그에 따른 재물은 하나님의 축복이라 생각했다. 그리고 돈에 대한 욕심을 버리고, 절약과 자선 사업에 힘썼다. 자신의 '달란트'로 열심히 장사하여 이득을 남겨야 하나님에게 '잘하였도다, 착한 종이여'라는 칭찬을 받을 수 있다고 생각했다. 당시에는 경제 불황이나 사업에 어려움이 찾아왔을 때도 '(재물을 주었더니) 방종하고 세속적이며 타락하게 된 사회에 하나님께서 형벌을 내리신 것'이라 해석했고, 좀 더 경건하고 절제하는 마음으로 사업에 임해야 한다는 사회 분위기가 조성될 정도였다. 록펠러는 막스 베버가 분석한 '청교도 직업윤리'의 살아 있는 본보기이면서 침례교도 사업가들 사이에서는 모범적인 인물로 유명했다.

수많은 유혹으로부터 그를 지켜 낸 것도 바로 하나님께서 함께하신다는 믿음이었다. 그는 술과 담배, 여성을 가까이하지 않았으며, 아버지를 '반면교사'로 삼았기 때문인지 가정에 대단히 충실했다. 일반적으로 부모의 안 좋은 면을 싫어하면서도 그대로 따라 하는 자식들이 많은 점을 볼 때, 록펠러의 이러한 모습은 많은 사람들에게 귀감이 된다고 할 수 있다. 사회적으로도 아내와 함께 '금주 운동'에 열성적이었다. 그는 한 호텔 바비큐 파티에 초청받았을 때 사전 답사를 갔다가 빈 맥주병을 발견하고 바로 약속을 취소한 적도 있었다.

록펠러에게 교회란 안식처이자 생명의 양식이었고, 자선 활동을 하게 된 이유였다. 그리고 그는 재산이 많을 때든 적을 때든, 한결같은 마음으로 '십일조'를 통해 자신의 마음을 하나님께 표현했다.

Chapter
05

십일조의 비밀

05 | 신앙고백

십일조와 록펠러

여기서 잠깐, 성경에서 말하는 십일조의 참된 의미에 대해 짚고 넘어갈 필요가 있다. 요즘 들어 부쩍 '십일조 무용론'을 제기하는 이들이 늘고 있기 때문이다. 요컨대 십일조는 한량없는 구원과 은혜의 선물을 받은 우리들이 하나님께 드리는 최소한의 '보답'일 뿐이며, 무엇을 '위해' 십일조를 낸다는 생각으로 십일조에 반대하는 것은 앞뒤 관계를 잘못 파악한 것이다.

성경의 십일조

십일조에 대해 가장 잘 알려져 있는 성경 말씀은 구약의 마지막인 말라기에 나온다.

> 만군의 여호와가 이르노라. 너희의 온전한 십일조를 창고에 들여 나의 집에 양식이 있게 하고 그것으로 나를 시험하여 내가 하늘 문을 열고 너희에게 복을 쌓을 곳이 없도록 붓지 아니하나 보라. (말라기 3장 10절)

하지만 일부에서는 이 구절에 나타나는 십일조를 놓고 '기복 신앙'이라며 비판하기도 한다. 말씀을 잘못 해석하면, 십일조는 마치 복 받을 목적으로 바치는 '뇌물'과 같아 보일 수도 있기 때문이다. '10분의 1'이라고 정확히 규정해 놓는 바람에 마치 세금처럼 보인다며, 처음 접하는 사람들은 거부감을 느끼는 경우도 있다. 그렇다면 성경적인 십일조란 어떤 것일까?

십일조로 대표되는 '헌금'은 "하나님으로부터 받은 은혜를 감사하며 마음과 몸을 바치는 뜻에서 드리는 제사"라 할 수 있다. 하나님께 받은 사랑과 예수님이 자신의 몸을 찢으시면서까지 허락하신 구원의 감격이 너무 커서, 우리가 받은 사랑과 구원에 감히 비교할 수는 없지만 하나님께 자발적으로 우리의 몸과 마음을 드리는 것이다. '나는 이제 당신의 것입니다'라는 의미를 담아, 가진 것의 10분의 1을 드리는 행위가 바로 십일조이다.

십일조는 성경의 첫 책인 창세기에서부터 등장한다. 아브람은 하나님의 도우심으로 롯을 적들로부터 구하고 돌아와 하나님의 제사장 멜기세덱에게 그 얻은 전리품들 중 10분의 1을 드렸다.(창세기 14장 20절) 여기서 중요한 사실은 아브람이 자원해서 십일조를 드렸다는 것이다. 이후 야곱은 그 유명한 벧엘에서의 '사닥다리 꿈'을 통해 하나님을 만나고, "평안히 아버지 집으로 돌아가게 하시오면 (……) 십분의 일을 내가 반드시 하나님께 드리겠나이다"(창세기 28장 21~22절)라고 서원했다. 여기서 야곱의 십일조 서원을 일부에서는 '내가 잘되면 드리겠다'는 조건부로 폄하하지만, 실상 이는 일종의 신앙 고백이라 할 수 있다. 그는 당시 아버지 이삭을 속이고 '장자의 축복'을 받았다가 형 에서의 미움을 사 쫓기고 있는 상태여서, 가진 것이 하나도 없었기 때문이다. 결론적으로 창세기의 십일조는 '고백적'이고 '자발적'이었다.

이러한 십일조가 모세 시대에 와서는 하나의 제도처럼 규정된다. 하나님께서는 이스라엘 백성을 출애굽시키는 과정에서 열 가지 재앙 중 마지막으로 애굽에서 사람이나 짐승의 처음 난 것을 모두 멸하시면서 "태에서 처음 난 모든 것은 다 거룩히 구별하여 내게 돌리라. 이는 내 것이니라"(출애굽기 13장 2절)하고 말씀하셨다. 이후 이를 구체화해 시내 산에서 하나님께서는 농산물과 가축의 십일조를 바치라는 계명을 내리셨으며, 이는 우리를 대신해 드려진 희생 제물이었다는 의미가 있다.(레위기 27장 26~33절) 이후 민수기에서는 이스라엘 백성들이 낸 십일조로 수입 없이 하나님의 사역을 맡았던 레위인들의 생활을 책임질 것을 말씀하신다.(민수기 18장 21~23절) 신명기에서는 장차 요단 강을 건너 가나안 땅에서 살아갈 때의 준칙을 미리 정하시면서, 토지 소산의 십일조를 하나님께 드리라고 하셨다.(신명기 14장 22~29절) 여기서는 레위인 외에 객客과 고아, 과부들까지 사랑으로 먹이시는 여호와의 모습을 볼 수 있다. 이후 사무엘은 왕이 생길 경우 그에게 십일조를 바쳐야 할 것이라 경고했고(사무엘상 8장 15~17절), 아모스 선지자는 형식적으로 십일조를 바치는 이스라엘 백성을 책망하기도 하셨다(아모스 4장 4절).

마지막으로, 위에서 나온 말라기의 말씀은 하나님 없이 살아가던 당시의 타락한 정황을 말해 준다. 마음에 하나님 두기를 싫어하고(로마서 1장 24절), 마땅히 드려야 할 감사의 제사를 생략하기 시작하면서 영적인 타락에 이어 그들의 삶마저 힘들어지게 되었음을 지적하시는 것이다. 드릴 것을 먼저 올바로 드리기 시작하라는, 신앙의 회복은 기본에 있다는 말씀이기도 하다.

구약에서 십일조는 이처럼 우리의 주인이신 하나님께 드리는 신앙 고백이자, 구원의 감격으로 기쁨이 흘러넘친 자발적인 헌신의 표시였으며, 우리 주위의 어려운 이웃들을 돕는 기능까지 수행했다. 지금 여러 교회에서도 십일조와 각종 헌금을 통해 주위 이웃들을 구제하는 경우가 많은데, 이는 성경적인 헌금의 사용이라 할 수 있다.

신약에서는 '십일조'라는 단어가 많이 등장하지 않는다. 예수님께서는 십일조에 대해 한두 차례 말씀하셨는데, 외식하는 서기관과 바리새인들을 책망하기 위해 하신 말씀이었다.(마태복음 23장 23절) 율법의 행위만 지키는 데 급급한 나머지 하나님께서 그 율법을 내려 주실 때의 정신을 잃어버린 것에 대한 한탄이었다. 바리새인은 예수님의 비유에서 "이레에 두 번씩 금식하고 또 소득의 십일조를 드리나이다"(누가복음 18장 12절)라고 많은 사람들 앞에 서서 들리도록 기도했다.

이와 함께 바울은 '성도를 섬기는 일'에 있어, "각각 그 마음에 정한 대로 할 것이요 인색함으로나 억지로 하지 말지니 하나님은 즐겨 내는 자를 사랑하시느니라"(고린도후서 9장 7절)라고 권면한다. 그 이유는 "하나님이 능히 모든 은혜를 너희에게 넘치게 하시나니 이는 너희로 모든 일에 항상 모든 것이 넉넉하여 모든 착한 일을 넘치게 하게 하려 하심"(고린도후서 9장 8절)이다. 그리고 앞서서는 "환난의 많은 시련 가운데서 그들의 넘치는 기쁨과 극심한 가난이 그들의 풍성한 연보를 넘치도록 하게 하였느니라. 내가 증언하노니 그들이 힘대로 할 뿐 아니라 힘에 지나도록 자원하"(고린도후서 8장 2~3절)며 마게도냐 교회 성도들의 헌금에 대한 자세를 칭찬하셨다.

일부에선 예수님께서 십일조에 대해 별다른 말씀을 하신 적이 없다는 이유로 십일조를 폐기해야 한다고 주장한다. 또 예수님의 십자가 보혈 외에는 그 어느 것도 우리와 예수님 사이에 끼어들 수 없다는 논리로 십일조 무용론을 제기하기도 한다. 하지만 십일조는 앞서 본 것처럼 하나님께 드리는 감사의 표시이며, 예수님께서 그렇다고 십일조를 드리지 말라고 하신 적도 없다. 예수님은 율법을 폐하러 오신 분이 아니라, 오히려 완전하게 하러 오신 분이기 때문이다.(마태복음 5장 17절) 우리 삶의 전부가 하나님의 것이니, 마땅히 내가 가진 전부를 드리겠다는 상징적인 의미로 10분의 1을 하나님께 '돌려 드리는 것'이다. 그리고 십일조는 하나의 '신앙 훈련'으로, 헌신의 출발점이다. 설사 형편상 십일조를 드리지 못하고 있다 해도, 하나님께서 이 때문에 그를 책망하시거나 정죄하시는 것은 결코 아니다.

신약에서는 오히려 십일조보다 더한 '삶의 헌신'이 더러 등장한다. 가장 먼저 우리를 위해 자신의 온몸과 살과 피를 찢어 나누신 예수님이 그러했다. 배와 그물을 버려두고, 가족과 친지를 남겨 두고, 잘나가는 직장(세리)을 그만두고 예수님을 따라 일생을 바친 열두 제자가 그랬다. '마가의 다락방'에 모인 120명의 무리들은 성령을 체험한 이후 "모든 물건을 서로 통용하고 또 재산과 소유를 팔아 각 사람의 필요를 따라 나눠 주며 날마다 마음을 같이하여 성전에 모이기를 힘쓰"(사도행전 2장 44~46절)는 등 소득 중 10분의 1이 아니라, 전 재산과 자기 자신의 삶 전체를 아낌없이 하나님 나라에 바쳤다. 이후 2000년 동안 기독교의 역사는 그렇게 마음을 다하고 목숨을 다하고 뜻을 다하여 주 너의 하나님을 사랑하고, 이웃을 자신의 몸과 같이 사랑했던 이들이 써 내려간 것이었다. 십일조 논쟁은, 하나님이 주신 한없는 사랑을 '값싼 은혜'로 변질시킬 위험이 있다.

록펠러의 십일조

록펠러의 십일조 습관은 절약과 절제 등을 자연스럽게 길러 주었다. 적은 용돈에서든 천문학적 액수에서든 소득의 10분의 1을 드린다는 것은 결코 쉽지 않은 일이었지만, 록펠러는 평생 하나님과의 약속을 어기지 않았다.

  록펠러는 말라기 3장 10절의 '십일조의 비밀'을 알았던 사람이었다. 모두가 탐욕에 빠져 사업을 하고 재물을 늘려 가던 시절, 그는 소명 의식을 갖고 청교도적인 정신으로 사업을 일궈 나갔다. 때문에 사업을 하면서도 굉장히 진지했고, 어떤 상황에서도 믿음을 잃지 않고 차분히 대응했다.

하나님께서는 십일조에 대해 말라기에서 "그것으로 나를 시험하여 내가 하늘 문을 열고 너희에게 복을 쌓을 곳이 없도록 붓지 아니하나 보라"고 말씀하셨다. 오죽하면 이런 말씀을 하셨겠는가? 하지만 록펠러는 십일조의 삶을 실천했고, 그 결과 하나님으로부터 정말 '쌓을 곳이 없도록' 재산이 불어나는 축복을 경험했다.

그래서 록펠러는 자서전 초고를 찬찬히 들여다본 뒤, 다른 부분은 다 괜찮은데 마지막 부분이 마음에 들지 않는다고 했다. 작가가 록펠러의 성공 요인으로 '자수성가'를 강조했기 때문이다. 록펠러는 작가에게 자신의 성공은 '하나님의 도우심 덕분'인 것으로 수정해 달라고 요청했다.

그가 평생 장부에 수입과 지출을 꼼꼼히 기록했던 이유도 '가이사의 것은 가이사에게, 하나님의 것은 하나님에게' 제대로 드리기 위함이었을 것이다. 의무적으로, 형식적으로나마 십일조를 드린 것이 아니었다. 그는 교회나 목회자의 눈치를 봐야 하는 위치도 아니었다. 하지만 어려운 시절에도 정성껏 자신의 소득을 계산하여 자발적으로, 기쁘게 10분의 1보다 더 많은 돈을 하나님께 드렸다. '쌓을 곳이 없도록' 재산이 불어난 나중에는 십일조 등 소득과 재정을 계산하기 위한 직원들이 40명이나 필요했다.

그에게는 자선 사업도 이러한 '십일조'의 일환이었다. 록펠러는 이렇게 말했다.

"제가 돈을 벌게 된 것은 오로지 하나님의 은혜였습니다. 모두 하나님께서 하신 일이죠. 그러니 인류의 더 나은 삶을 위해 최선을 다해야 합니다. 저는 그러한 소명을 받은 것 같습니다. 그래서 더 많은 돈을 벌어야 하고, 양심이 명하는 바에 따라 많은 이들을 위해 그 돈을 쓰도록 부름받았습니다. 그리고 다른 사람들에게 저의 축복을 나누기 시작한 뒤부터, 저에게는 더욱더 많은 재산이 생겼습니다. 그것은 하나님의 선물이었지요."

하지만 '독점'으로 많은 비난을 받던 시절, 그의 자선 행위는 '여론의 평판'을 얻기 위한 것으로 폄하되기도 했다. 당시 록펠러만큼의 위치에 있던 인물이 그만큼의 자선을 행하는 일은 거의 없었기 때문이었다. 그래서 사람들은 록펠러가 '부자'라는 티를 내고 싶었거나, '독점'을 유지하기 위한 목적으로 자선 사업에 아낌없이 돈을 쓴다고 짐작했다.

그러나 록펠러에게 기부 행위는 스탠더드오일의 경영과 아무 관련이 없었다. 단지 스탠더드오일의 경영을 통해 얻은 재정을 기부 행위에 사용할 뿐이었다. 1906년 10월 각종 비난으로 어려움을 겪던 스탠더드오일 측은 록펠러에게 그간 상당한 금액을 기부했던 대학 열 곳의 명단을 발표해 달라고 요청했지만, 록펠러는 거절했다.

"저는 스탠더드오일에 도움이 될 수 있다는 이유만으로 그런 일을 하고 싶지는 않습니다. 그래서 이 일에는 일고의 가치도 느끼지 못합니다. 만약 그런 명단이 만들어진다면 제 이름을 지워 버릴 것입니다."

교육 발전과 의학 연구

세계 최고의 석유 회사를 이끌었던 록펠러는 이제 세계 최고의 자선 사업에 나섰다. 그는 건강이 다시 나빠질 만큼 시카고 대학 건립에 열중했고, 스탠더드 제국 못지않게 그가 세운 '록펠러 재단'은 많은 일들을 이뤄 냈다.

부는 부를 낳고

1890년대 스탠더드오일은 미국 석유 제품 시장의 84퍼센트, 전체 원유량의 3분의 1을 생산하는 막강한 기업이었다. 석유 난로와 장식용 거실 램프, 광택제까지 생기고 석유의 수요가 더욱 늘어나면서 가격도 차츰 올라갔다. 전쟁은 아직 벌어지지 않았지만 석유로 움직이는 전함도 개발됐고, 파라핀 왁스는 전화 산업과 전기 산업 절연재로 사용됐으며, 특히 휘발유 자동차가 발명되면서 석유는 '핫Hot'한 아이템이 되었다. 스탠더드오일은 자동차 제조 회사들을 적극 지원하면서 공생을 꾀했다. 여기에 1903년 라이트 형제가 처음 성공한 비행기의 동력원도 스탠더드오일 판매원이 해변까지 배달해 준 휘발유였다. 이처럼 등유 산업 외 부산물들이 새로운 시장을 창출하고 있었다. 스탠더드오일과 록펠러가 철강 등 다른 곳에 투자한 주식도 모두 계속해서 치솟았다. 상상할 수 없을 정도로 재산이 불어나자, 록펠러는 자선 사업을 더 강화해 더 많은 이들에게 도움을 주어야 한다고 생각했다.

자선 사업을 시작하면서 록펠러는 도움을 받는 사람이 거기에 만족해 게을러지지 않고 계속 자립심을 키워 가도록 하는 일에 대한 깊은 고민을 시작했다. 자신의 도움이 의존심만 키워 그를 주저앉게 하지 않을까 하는 염려였다. 그는 구제보다 예방에 관심이 많았고, 가난을 직접 해결해 주는 일에는 나서기를 꺼렸다.

"거지에게 돈을 주는 대신, 그들이 거지가 된 원인을 제거하도록 뭔가 할 수 있다면, 더 깊고 넓으며 가치 있는 무언가를 성취할 수 있을 것입니다."

록펠러 의학 연구소

이러한 고민 끝에 록펠러는 교육 분야와 의료 연구 분야 지원에 주력하기로 했다. 이 두 분야는 수혜자들에게 실질적인 도움을 줄 수 있고, 평생 자립의 토대가 될 수 있었다. 교육 분야는 시카고 대학 설립 등으로 이미 시작한 단계였다. 때문에 당시 '라이벌' 카네기처럼 도서관이나 체육 시설, 음악회장 등을 건립하지는 않았다. 그는 당시 양극화의 근본 원인을 파헤치던 진보주의자들과 사회 개혁, 영적 쇄신을 함께 부르짖었던 사회 복음 운동의 영향을 받았다. 마침 1894년 시카고 대학 총장 윌리엄 하퍼가 메디컬 스쿨 창설을 제안했을 때, 록펠러는 연구에 전념하는 의학 대학을 설립하자며 다시 제안했다. 자선 사업을 맡아 관리하던 게이츠도 1897년 봄, 심각한 병에 걸렸다가 겨우 회복되면서 의학에 관심을 두게 되었다. 여기에 『의학의 원칙과 실행』을 읽고 감명을 받아, 유럽에서 이름을 알리던 파리 파스퇴르 연구소나 베를린 코흐 전염병 연구소 같은 기관을 창설하자고 록펠러에게 편지를 띄웠다. 그러나 당시 미국에서는 의학이 '과학'이나 '학문'으로 인정받지 못하고 있었기 때문에 연구소 창설까지는 오랜 시간이 걸렸다.

  1901년 6월, 오랜 준비를 마치고 뉴욕의 조그마한 건물에

'록펠러 의학 연구소Rockefeller Institute for Medicine Research'가 설립됐다. 록펠러가 자선 사업에서 자기 이름을 사용하도록 허락한 경우는 이번이 처음이었다. 그만큼 록펠러는 의학 연구소를 중요하게 여겼고, 10년간 20만 달러라는 거액을 지원하기로 하면서 사람들의 관심을 끌었다. 록펠러는 의학 연구소 재정 담당에 자기 사람이 아닌 과학자를 배치해, 어떤 압박이나 간섭 없이 마음껏 연구하도록 도왔다. 그리고 최고 고문으로는 존스홉킨스 의대 초대 학장인 윌리엄 H. 웰치 박사를 영입했고, 웰치는 제자인 서른아홉 살의 펜실베이니아대 병리학 교수 사이먼 플렉스너를 연구소장으로 영입했다. 플렉스너는 몇 달간의 오랜 고심 끝에 정년이 보장된 교수 직을 버리고 당시 '비현실적'으로 보였던 의학 연구소장 직을 맡으면서, "질병의 원인 및 예방의 연구 전 영역을 끌어안는 광대한 계획"을 목표로 삼았다.

록펠러는 평생 스탠더드오일 다음으로 이 의학 연구소를 자랑스러워했다. 그도 그럴 것이, 뚜렷한 성과를 내기 시작했기 때문이다. 게이츠는 의학 연구소를 신학교처럼 여기며, 플렉스너 소장의 업적을 기도하는 것으로 비유했다.

"하나님은 당신에게 그분의 비밀을 속삭이시고, 신비로운 존재의 깊이를 보여 주십니다. 그동안 저는 당신의 현미경을 들여다보며 경외심이 생겼습니다. 이 성스러운 방들마다 그분의 목소리가 들립니다. 그분의 비밀한 말씀이 이 방에서 일하는 사람들에게 전능자의 감춰 둔 신비를 드러내십니다."

1904년 겨울, 뉴욕 시민 3000여 명이 뇌척수막염이라는 전염병으로 죽어 가자 록펠러 의학 연구소 플렉스너 소장은 이 질병을 치료할 만한 혈청을 개발하여 무상으로 나눠 주었다. 이 업적으로 인해 록펠러는 의학 연구소에 더 많은 금액을 지원했고, 1910년 부속 병원을 건립해 소아마비와 폐렴, 매독, 심장 질환, 장 발육 부전 등 다섯 가지 질병을 앓는 환자들에게 무료 치료 혜택을 주었다. 의학 연구소는 풍부한 자금 지원 덕분에 지속적으로 많은 의학적 업적들을 이뤄 내면서 세계적인 명성을 쌓아 갔다. 한 잡지는 이에 대해 "설립한 지 10년도 되지 않은 록펠러 의학 연구소는 전 세계의 질병과 치료법을 연구하는 가장 최신식 시설의 기관"이라고 칭찬했다. 플렉스너 소장은 계속해서 파울 에를리히, 자크 러브 등 뛰어난 의학자들을 영입했고, 일본인 의학자 노구치 히데요는 매독 연구에 큰 진전을 보여 주었다. 또 연구소는 국내외 공중 보건 향상에도 주력했는데, 십이지장충 퇴치 캠페인을 비롯해 황열병과 소아마비, 폐렴 백신을 개발했다.

플렉스너 소장은 이렇게 데려온 뛰어난 의학자들에게 분야별 연구를 맡겼고, 자신은 예산을 맡았다. 그는 의과 대학의 제도 정비, 정규직 교수 완전 고용제, 임상 시험 연구 강화 등 미국 의학 교육의 선구자가 되었다.

특히 프랑스 태생의 알렉시 카렐 박사를 시카고에서 스카우트해 왔는데, 그는 경이로운 수술 솜씨로 소화관에서 혈액이 새어 나오는 조산아를 소생시켰다. 또한 그는 혈관 수혈과 장기 이식 등 고등 외과 수술 분야에 업적을 세우면서 1912년 노벨 의학상을 받았다.

록펠러는 의학 연구소에 총 6100만 달러를 기부했고, 연구소의 업적과 가능성에 기쁨의 눈물을 흘렸다. 그가 세상을 떠난 뒤인 1965년 연구소는 록펠러 대학으로 이름을 바꿨으며, 교수진 중 무려 19명이 노벨상 수상자였다. 하지만 대체 요법을 신봉하던 록펠러의 주치의 비거 박사는 연구소를 그리 좋아하지 않았다.

록펠러는 의학 연구소에 가까이 와서도 안에는 거의 들어가지 않을 정도로 자율성을 보장하며 생색을 내지 않았다. 그는 가족들을 위해 부속 병원 꼭대기 층 병실 네 개를 비워 두었다는 소식을 들었지만, 한 번도 이러한 특권을 이용하지 않았다.

일반 교육 위원회

록펠러는 흑인들에게 유독 관심이 많아서, 자기 자녀들을 집안에서 장학금을 주는 흑인 대학생들과 일대일로 자매 결연을 맺게 할 정도였다. 1901년, 시카고 대학 설립을 계기로 '기부 관리인' 게이츠를 데려왔던 미국침례교교육협회ABES 대신 흑인 교육을 위한 신탁 기금 마련을 고려하기 시작했다. 침례교에만 기부하던 방식을 바꿔 좀 더 많은 사람들에게 혜택을 주기 위한 것이었다. 여기에 4월, 록펠러 2세가 남부의 열악한 흑인 교육 현장을 목격하고 돌아오면서 이 계획은 구체화됐다. 록펠러 2세는 1902년 2월, 자택의 서재에서 '10인 모임'을 열어 이를 논의한 결과, 아버지로부터 100만 달러의 기부금을 이끌어 내어 새로운 자선 기관을 설립하기로 했다.

이를 위해 만난 사람은 부커 T. 워싱턴이었다. 그는 몇십 년 전 록펠러가 다녔던 클리블랜드 침례교회에서 장학금을 받았던 인물로, 남부 여러 주에서 방치돼 있는 흑인들을 위한 교육에 힘쓰고 있었다. 그가 세운 흑인 교육 기관 '터스키기 전문학교'는 건물만 40채에 달했다. 워싱턴은 흑인을 위한 교육의 필요성을 지지하며, 실용성 있고 구직에 도움이 되는 교육을 위주로 해야 한다고 조언했다. 이에 록펠러 2세는 '흑인 교육 위원회'를 설립해 흑인 교육을 체계적으로 돕고자 했는데, 기관 이름은 '일반 교육 위원회General Education Board'로 최종 결정됐고 1903년 1월 의회로부터 법인 설립 허가를 받아 냈다. 단체의 목표는 '인종과 성별, 신념에 대한 차별 없는 미국 내 교육의 증진'이었다. 이 프로젝트는 록펠러가 아닌 아들 록펠러 2세가 주도했다. 하지만 록펠러는 아들의 요청대로 100만 달러를 기부하며, 이 돈으로 10년간 재단을 유지해야 한다고 강조했다. 록펠러는 자선 사업은 석유 사업과 달리 급성장보다 내실 있게 재정 자립을 시도하면서 신중하게 해야 한다고 믿었다. 이 재단의 사무국장에는 게이츠 목사의 로체스터 신학교 동창이자 전직 전도사인 월리스 버트릭 박사가 임명됐다.

당시 남부에는 4년제 고등 교육 기관도 없었고, 흑인들을 위한 학교는 하나도 없었다. 이에 GEB는 가장 먼저 고등학교 설립을 추진하면서, 그곳 졸업생들이 초·중학교 교사가 되고 대학교 진학자들이 생기도록 계획을 세웠다. GEB는 또 여론을 각성시켜 정부와 함께 이 일을 해 나가는 방식을 채택했는데, 이는 이후 록펠러의 자선 사업에도 적용됐다. GEB는 주 전역을 다니면서 고등학교 부지를 선정하고 교수들을 특별 선발해 월급을 지급했는데, 7년 만인 1910년까지 남부에 800개 고등학교를 설립하는 저력을 발휘했다. 그러나 자금의 90퍼센트가 백인 학교나 의학 교육 장려에 사용됐고, 당시의 심한 인종적 편견으로 인해 정작 원래 목적인 흑인들의 교육에는 별 도움이 되지 못했다.

이후 게이츠와 버트릭은 교육이 활성화되려면 지역 경제가 회복되어야 한다는 결론을 내리고, 남부 농업의 생산성 향상

방안을 찾기 시작했다. 그 결과 GEB는 면화 산업을 어렵게 하던 면화씨 바구미 박멸 캠페인, 십이지장충 박멸 캠페인 등 공공 보건 봉사에도 나섰다. 록펠러 위생 위원회를 만들어 전투적으로 사업을 벌인 결과, 5년간 50만여 명을 치료한 것이다. 이 같은 성과에 힘입어 록펠러 의학 연구소와 일반 교육 위원회는 서로 협조하면서 의학 교육의 과학화에 힘썼고, 존스홉킨스와 예일, 하버드 등 24개 종합 대학을 후원했다.

록펠러가 세운 시카고 대학도 순조롭게 성장하고 있었다. 시카고 대학은 처음부터 종교나 인종, 성별의 구분이 없었고, 침례교회라는 교파 색도 옅어졌다. 록펠러는 평소 그의 모습처럼 개교한 지 5년이 되어서야 처음으로 학교를 찾았다. 제발 한 번 와 달라는 간청에 못 이겨 5주년을 맞은 1897년 7월 학교를 찾은 것이었다. 학생들은 자신들에게 배움의 기회를 주었던 록펠러가 자전거를 타고 캠퍼스 시찰에 나서자 환호하며 이렇게 노래했다.

"하나님께서 보내 주신 존 D. 록펠러 회장님, 멋진 사람 / 시카고 대학의 발전을 위해 / 남는 잔돈을 모두 시카고 대학에 주신답니다."

록펠러는 개교 행사에서 이례적으로 짧게나마 연설을 했다.
"이사회와 총장님 그리고 이 멋진 시작에 함께해 준 모두에게 감사드립니다. 하지만 이것은 시작에 지나지 않습니다. 나머지는 여러분의 몫입니다. 이 대학은 제 인생 최대의 투자였습니다. 여러분도 이 시카고 대학에 돈과 노력과 시간을 투자해야 하지 않겠습니까? 여러분에게는 이 일을 완수할 특권이 있습니다. 저 역시 이 일에 관여하게 된 것을 진심으로 감사하게 생각합니다. 선하신 주님이 제게 돈을 주셨으니, 제가 어떻게 이 돈을 시카고 대학에 내놓지 않을 수 있겠습니까?"

자선의 트러스트

1911년 미국 대법원은 스탠더드오일 트러스트를 해체하라고 명령했다. 스탠더드오일은 34개의 개별 회사로 해체되었고, 록펠러는 은퇴를 눈앞에 두고 있었다. 그리고 그는 또 다른 트러스트를 설립할 예정이었다.

눈덩이처럼 불어나는 재산

"회장님의 재산이 눈덩이가 불어나듯 엄청난 속도로 불어나고 있습니다. 걷잡을 수 없을 정도여서 걱정이 됩니다. 돈이 불어나는 속도보다 더 빨리 나누어 주시지 않으면 회장님과 자녀분들, 손자와 손자의 손자들까지 재산에 깔려 뭉개질지도 모르겠어요."

게이츠는 록펠러에게 이런 편지를 보냈다. 1911년 많은 사람들이 바라던 '악독한 기업' 스탠더드오일 트러스트의 해체가 결정됐고, 자동차의 발전으로 주유소까지 출현하면서 스탠더드오일의 독점 구조도 조금씩 약해졌지만 오히려 주가가 치솟기 시작했던 것이다. 월 스트리트는 우량주 중의 우량주인 스탠더드오일 주식을 사려는 사람들로 인산인해를 이뤘다. 록펠러는 순식간에 백만장자에서 억만장자가 되어 가고 있었다. 그는 이미 GEB와 시카고 대학 등 많은 곳에 주식을 나눠 준 후였지만, 여전히 스탠더드오일의 대주주였다.

록펠러는 트러스트 해체 판결이 나던 날, 한 천주교 신부와 골프를 치고 있던 중에 그 소식을 들었는데, 그에게 "신부님, 돈이 좀 있으시면 스탠더드오일의 주식을 사들이세요. 하나님의 새로운 시험이 시작되었답니다"라고 말했다. 그의 말이 곧 실현된 것이다.

록펠러의 트러스트 해체에 앞장섰던 전 대통령 루스벨트는 선거 유세에서 이렇게 연설했다.

"주가가 100퍼센트 이상 뛰어올라 록펠러와 그 동료들의 재산은 두 배로 늘어났습니다. 월 스트리트에서는 요즘 '자비롭고 전능하신 주님, 저희에게 또 한 번 트러스트 해산을 허락해 주소서!'라고 기도한답니다."

록펠러 재단 설립

록펠러는 때가 왔다고 생각했다. 더 이상 꾸물거릴 수는 없었다. 10년 전부터 스탠더드오일 트러스트의 규모를 넘어서는 자선 재단을 설립해야겠다는 꿈을 펼치기로 했다.

"재단을, 그러니까 '트러스트'를 세웁시다. 그리고 우리의 조력을 받아 그 자선 사업을 필생의 사업으로 여기고 효율적으로 이끌 이사들을 영입합시다!"

게이츠는 이 같은 구상을 실현하기 위해 교육과 과학, 예술과 농업, 종교와 심지어 시민 도덕 등 다양한 분야의 발전을 돕도록 자금을 지원하는 '인류의 이익을 위한 영속적인 기업형 자선 단체'를 설립하자고 제안했다. 유능한 이들에게 재산을 맡겨 공공복리 증진을 위해 집행하도록 하는 형태로, 이미 록펠러 의학 연구소나 GEB에서 선보였지만 훨씬 많은 자금을 투입해 그 자체로도 이슈를 불러일으킬 만한 규모가 되어야 한다는 것이었다. 록펠러 2세도 국내외에 기독교 문명을 전파하고 시카고 대학, 의학 연구소, GEB 등에 자금을 공급하는 트러스트가 필요하다고 보고했다. 록펠러는 자신이 주요 사안의 결정에 대해 거부권을 행사할 수 있다는 조건하에 이를 수락했다.

하지만 록펠러와 스탠더드오일에 악화돼 있던 여론은 재

단 설립에 오랜 시간이 걸리게 했다. 연방 의회에서 3년 이상 검토 기간이 소요되어, 이들은 결국 수도 워싱턴에 재단 본부를 두려던 계획을 포기하고 1913년 스탠더드오일 본부가 있는 뉴욕 주의 허가를 받기로 했다. 이미 2년 전 1억 2500만 달러 규모의 카네기 재단을 허가했던 뉴욕 주 의회는 록펠러 재단에 대해서도 곧바로 승인했다. 재단 회장으로 록펠러 2세가 선출됐고, 이사진은 록펠러와 2세 외에 측근인 게이츠와 스타 머피, 록펠러 주니어의 비서 찰스 헤이트 등 세 명, 의학 연구소의 플렉스너와 제롬 그린, 시카고 대학의 해리 프랫 저드슨, 록펠러 위생 위원회의 위클리프 로즈 등 9인으로 구성됐다. 록펠러는 즉시 1억 달러를 기부했지만, 10년간 이사 직을 맡으면서도 재단 회의에는 한 번도 나가지 않았다. 록펠러 재단의 설립은 상속세로 수많은 돈이 빠져나가는 통로를 막는 역할을 하기도 했다.

장부에 뭐든 꼼꼼히 기록했던 록펠러는 1856년부터 1909년까지 자선을 목적으로 이미 1억 5750만 달러를 기부했고, 재단 창설 직후 1억 달러를 기부한 것과 별도로 1919년까지 8280만 달러를 추가로 지원했다. 이 정도의 금액만으로도 카네기가 평생 기부한 금액과 비슷한데, 록펠러는 1919년 이후에도 1억 8000만 달러를 다시 기부했고 록펠러 가문의 이름으로 벌인 다른 자선 사업에도 5억 4000만 달러를 더 내놓았다. 록펠러 2세도 5억 3700만 달러를 자선 사업에 썼다. 이는 100년 전 기준 가격이어서, 지금의 가치로 따지면 록펠러의 재산이 어느 정도였는지 짐작할 수조차 없는 규모다. 그는 명실상부한 '역사상 세계 최고 부자'였다.

전 세계의 질병을 치료하다

록펠러 재단은 설립 후 10년간 국내외 공공 보건과 의료 교육에 집중했다. 생명을 살리는 일이었기 때문이다. 이들은 록펠러 위생 위원회가 벌였던 십이지장충 박멸 캠페인을 전 세계로 확장시켜, 해외 52개국의 수백만 명을 치료했다. 위클리프 로즈는 이 일을 위해 국제 보건 위원회를 창설하고 말라리아, 결핵, 발진 티푸스, 성홍열 등의 퇴치를 위해 노력했다. 국제 보건 위원회는 특히 '서반구의 테러'라 불린 황열병 퇴치에 가장 큰 공헌을 했는데, 1920년 말에는 라틴 아메리카의 황열병을 거의 박멸했다. 이후 다시 병이 퍼지기 시작하자 백신을 개발했는데, 제2차 세계 대전 동안 이 백신으로 수많은 미국 병사들이 목숨을 구했다. 그러나 이 과정에서 여섯 명의 연구자가 목숨을 잃는 아픔도 겪었다.

  록펠러 재단은 퇴치한 전염병이 재발하는 것을 막기 위해 정부와 함께하는 공공 보건 기구를 설립하기로 하고, 존스홉킨스 대학과 하버드 대학 등 미국 내 대학들뿐 아니라 인도 콜카타와 덴마크 코펜하겐 등 전 세계 각지에 위생학 및 공공 보건 교육 기관을 설립했다. 미국 다음으로는 중국에 자금을 많이 투입했다. 1915년 중국 의학 이사회를 창립하고, 1921년 59개나 되는 건물을 세우고 베이징 연합 의과 대학을 설립하면서 현대 의학을 보급했다.

록펠러 재단은 1920년대가 되면서 전 세계 최고의 자선 재단이자 미국 최고의 의료 후원 단체가 되었다. 록펠러는 평생 기부한 액수 중 대부분을 의료 사업에 쏟아부으며 역사상 의학에 가장 많은 공헌을 한 후원자로 이름을 올렸고, 석유 사업보다 더 큰 영향력과 명성을 자선 사업에서 얻었다.

아내의 죽음과 기념 재단

록펠러가 자선 사업에 몰두하는 와중에도 아내 로라의 건강은 계속 악화되었다. 1910년이 되면서부터는 휠체어에 의지하여 24시간 간호를 받아야 했다. 그녀는 폐렴과 대상 포진, 악성 빈혈, 좌골 신경통 등 온갖 질병에 시달렸다. 록펠러는 아픔으로 괴로워하면서 신경이 날카로워진 아내를 지극정성으로 돌보았다. 한번은 유클리드 애버뉴 교회에서 앞에 나와 이야기하다 아픈 아내의 얼굴을 보며 이렇게 말했다.

"사람들은 제가 인생에서 많은 것을 이뤘다고 합니다. 하지만 제가 성취한 최고의 일이자 제게 가장 행복했던 일은 바로 아내 스펠먼을 얻은 것입니다. 이제껏 제게는 단 한 사람의 연인만 있었어요."

집에서 손님들을 초청해 만찬을 열다가도 꽃을 꺾어 방으로 올라가 아내에게 선물하며 만찬 중에 있었던 이야기들을 들려주곤 했다. 1913년이 되면서 '세티'는 요통과 늑막염, 심장 발작에 방광과 직장에까지 문제가 생겼다.

로라는 잠시 기력을 되찾았다가, 1915년 3월 12일 아침, 언니의 손을 잡은 채 세상을 떠났다. 아내가 위독하다는 소식과 사망 소식을 연이어 전보로 접한 록펠러는 임종을 지키지 못했다는 생각에 자녀들 앞에서 처음으로 흐느꼈다. 그리고 아내를 오랫동안 곁에 두고 싶다는 이유로 처음에는 유해를 거주지인 뉴욕에 두었다가, 넉 달 반 만에 클리블랜드의 가족 묘지로 보냈다. 록펠러는 유럽에 있어서 장례식에 참석하지 못했던 딸 에디스에게 어머니의 마지막 모습을 들려줬다.

"네 어머니는 마지막 순간이 찾아왔을 때, 승리자의 모습을 하고 있었단다. 그녀의 얼굴은 천사처럼 빛났어."

남편 록펠러처럼 아내 로라도 평생 검소하게 생활했기 때문에 유품이 거의 없었다. 옷 중에 가장 비싼 것이 물개 가죽 코트와 토시였는데, 150달러짜리였다. 로라가 50년 동안 끼고 다닌 결혼반지는 당시 감정가로 3달러에 불과했다. 사람들은 이 같은 검소한 모습에 매우 놀랐다.

평생의 동반자를 잃어버린 록펠러는 그녀를 기념하기로 하고, 마지막 주요 자선 사업으로 1918년 7400만 달러를 내놓으며 아내 이름을 따 로라 스펠먼 기념사업회를 세웠다. 이 재단은 독실한 신앙인이었던 아내를 기념하기 위해 처음에는 침례교 포교 시설이나 교회, 노인 주택 등을 돌보았지만, 차츰 교단을 초월해 기독교 전체에 도움을 주었다. 그리고 1922년에는 5000만 달러로 사회 과학 연구 지원을 시작했다. 비어즐리 러믈의 지도 아래 로라 스펠먼 기념사업회는 사회 과학 발전에 짧은 기간 크게 이바지했고, 1929년 설립 10년 만에 록펠러 재단의 일원이 됐다.

또한 록펠러는 아내를 기념하기 위해 시카고 대학 안에 시카고 교회를 건축했다. 그는 뉴욕 리버사이드에 어머니를 기념하여 모든 종파를 초월한 초교파적 교회를 봉헌한 적이 있었다. 리버사이드 교회 봉헌식 날, 그는 록펠러에게 감사하면서 교회를 찾은 이들을 보며 감격에 겨워 말했다.

"제가 한 일이라곤 주님께 받은 것을 다시 돌려 드린 것뿐입니다."

록펠러는 이후에도 어머니와 아내의 독실한 신앙을 기리는 뜻으로 무려 4928개 교회를 지어 하나님께 드렸다. 그는 자선 사업에 대해서도 이렇게 이야기했다.

"저는 하나님께 축복의 씨를 뿌리면 20년, 30년 뒤에는 반드시 어마어마한 결실을 맺으리라고 믿었습니다. 저는 이런 '하나님의 경제학'을 어머니로부터 배웠습니다. 모든 것은 하나님께서 예비하실 것이라고요."

끝없는 절약과 도전

록펠러는 계속해서 도전을 즐기는 사나이였다. 그러면서도 검소함과 절약하는 습관을 잃지 않았다. 그에게 돈은 좋은 곳에 사용하기 위해, 그리고 도전하고 노력한 결과로 주어지는 것이었다. 여느 기업체 회장들이 개인 지출을 감독하는 직원을 별도로 두는 것과 달리, 록펠러는 자신이 직접 세부 지출 항목을 관리했고 그 항목이 사소할수록 더욱 꼼꼼했다. 회사의 회계 장부는 모두 록펠러의 사후 감독을 거쳐야 했다. 모든 영수증을 보면서 관리자에게 조언을 곁들이느라 많은 시간을 소비했다.

한번은 겨울이 되어 집사가 벽난로에 불을 지피고 있었다.

록펠러는 그 모습을 보자 집사에게 장작의 길이를 물었고, 14인치라는 답이 돌아왔다. 록펠러는 이를 자세히 관찰한 뒤 대뜸 "12인치만으로도 충분할 것 같지 않은가?"라고 물었다. 그러자 집사도 수긍했다. 12인치 장작은 더 적은 비용으로 더 효율적인 열을 발생할 수 있었고, 이후 록펠러 집안의 장작 길이는 12인치로 정해졌다.

또 아내가 소천하기 전인 1908년에는 크리스마스 선물로 아들 록펠러 2세가 모피 코트와 모자를 선물한 일이 있었다. 집안의 관례를 깨뜨린 이 일에 대해 록펠러는 재치 있는 편지를 보내 상황을 반전시켰다.

"얘야, 모피 코트와 모자, 벙어리장갑에 천 번이라도 감사를 보낸단다. 하지만 나는 이런 사치품을 살 정도로 여력이 없는데, 이제 아들이 나에게 이런 것들을 사 줄 능력이 된 것에 정말 감사할 따름이구나."

록펠러는 이 호화스러운 옷을 입고 거들먹거리기보다, 아들에게 선물을 돌려주었고 옷의 주인은 아들이 되었다. 검소함이 몸에 밴 그의 모습은 어마어마한 액수의 돈을 자선 사업에 선뜻 내놓던 모습과는 너무 달랐다.

록펠러는 공식적인 직함에서 은퇴한 후 주식 투자에 게임을 하듯 열을 올렸다. 그는 아침부터 사무실로 출근하거나 골프를 치면서 그날의 주식 시세를 보고 투자를 결정했다. 록펠러는 주가가 하락하면 주식을 사고, 주가가 상승하면 주식을 파는 '역발상'의 투자자였다. 그는 대부분의 재산을 물려준 뒤에도 주식 거래를 위해 아들에게 2000만 달러를 빌려 달라고 했다.

록펠러는 이렇듯 돈은 계속 굴려야 한다고 생각했다. 아마 그는 성경의 '달란트 비유'를 인상 깊게 읽었을 것이다. 그래서 한번은 시카고 대학에 기부한 돈이 무이자로 은행에 예치되어 있다는 말을 듣고, 그 돈을 6퍼센트의 이자로 빌려 오기도 했다. 의아해하는 게이츠에게 그는 이렇게 답변했다.

"난 돈이 놀고 있는 것을 그냥 놔둘 수가 없습니다. 회전시켜야죠."

후일 록펠러 2세가 아버지의 90세 생일 선물로 롤스로이스 승용차를 사 드리겠다고 하자, 록펠러는 처음에 반대했다. 그러다 생각을 바꿔, 아들에게 차 살 돈을 현금으로 달라고 한 뒤 그 돈을 자선 사업에 다시 내놓았다.

사라지지 않는 이름

록펠러는 이제 록펠러 재단 일까지 아들에게 맡기고, 진정한 여유를 즐기기 시작했다. 그는 만년에 100세까지 살고 싶다는 목표를 세우고 여전히 정력적이지만 규칙적이고 느긋한 생활을 했으며, 그와 록펠러 재단을 통해 100년간 수많은 사람들이 도움을 받았다.

은퇴와 골프

록펠러는 아들이 러들로 대학살에 의연하게 대처하는 모습을 보며 자신의 재산을 물려주어야 할 때가 되었다고 확신했다. 1917년 록펠러는 인디애나 스탠더드오일 주식 2만 주를 아들에게 양도한 것을 시작으로, 몇 년간에 걸쳐 주식 대부분을 아들에게 몰아서 상속함으로써 효과를 극대화시켰다. 록펠러 2세가 록펠러로부터 주식을 받기 시작한 5년간 그의 재산은 2000만 달러에서 5억 달러로 20배나 불어났다. 이는 1922년까지 록펠러가 각종 자선 사업에 기부한 총액 4억 4700만 달러보다 많은 액수다. 이제 그에게 남은 돈은 2000만 달러 정도였다. 록펠러는 아들에게 재산을 물려주며 이렇게 말했다.

"내가 책임을 내려놓을 때 마침 너의 인생을 준비시켜 주시다니, 이건 하나님의 섭리가 틀림없구나!"

록펠러는 아들의 여섯 자녀에게 좋은 할아버지가 되어 주었다. 마치 자신의 아버지 빅 빌이 자녀들과 재미있게 놀아 준 것처럼, 그도 손자들과 함께 술래잡기를 하거나 진지한 표정으로 농담을 했다. 아내를 잃고 사업까지 내려놓은 후, 록펠러는 쾌활한 사람으로 변해 갔다. 그러면서도 손자들에게 절약을 강조했다. 손자 손녀들과 아침 식사를 마치면 그는 일일이 동전을 선물하고 볼에 입을 맞추면서 이렇게 속삭였다.

"애들아, 할아버지는 너희 중 누구라도 흥청망청 돈을 쓰면 너무 슬프단다. 조심해서 돈을 아껴 쓴다면 너희들은 나중에 가난한 사람들을 도와줄 수 있을 거야. 알았지?"

록펠러 2세는 자녀들에게 그런 할아버지를 존경해야 한다고 늘 가르쳤다.

모든 것을 내려놓은 록펠러에게 안식처가 되어 준 것은 신앙과 운동이었다. 그는 "내 인생에서 가장 중요한 것은 하나님과 골프"라고 말했다. 술과 담배 등 향락과 거리가 멀었던 그는 젊은 시절 스케이트와 자전거, 마차 운전에 몰두했듯, 골프에 빠져들었다. 규칙적으로 아침 일찍 일어나 프로 골퍼를 초빙해서 코치를 받기도 하고, 자신의 스윙 장면을 사진으로 찍거나 영사기를 가져다가 프로들과 자신의 폼을 비교하며 자세를 교정했다. 이러한 노력 끝에, 그는 고령의 나이에도 골프 실력이 크게 늘어 프로처럼 장타를 날렸다. 그는 미국 곳곳에 골프장을 만들어 날씨에 상관없이 매일 골프를 칠 수 있게 했고, 태평양 한가운데 하와이 섬 코할라에도 골프장을 만들어 태평양이 바라다보이는 환상적인 풍광 속에 많은 사람들이 골프를 치도록 배려했다. 그러나 기운이 떨어지기 시작하면서, 조금씩 홀 수가 줄어갔다.

신앙의 동반자였던 어머니와 아내는 떠났지만, 록펠러는 더욱더 신앙적인 사람이 되어 갔다. 매일 아침 식사 시간 전에는 가족들과 다 함께 모여 기도한 뒤 성경을 읽었고, 청교도적인 소박한 생활을 선호했다. 그는 따뜻한 플로리다에 가서도 매주 꼬박꼬박 주일 예배를 드렸다. 평생 책을 가까이하지 않았지만 밤에 잠들기 전엔 설교집을 읽었다.

미국인의 동반자

'독점' 때문에 악독한 기업가 이미지가 씌워졌던 록펠러는 은퇴를 전후해 조금씩 미국인들의 사랑을 받는 사람이 되어 갔다. 그는 사람들에게 '이웃 사람 존'이라는 평범한 이름으로 불리기를 바랐다.

 록펠러는 미국 경제에 위기가 닥칠 때마다 사람들에게 희망을 주려고 노력했다. 은퇴하기 전인 1907년, 월 스트리트에 경제 공황이 불어닥치자 사람들은 예금했던 돈을 찾기 위해 은행 앞에 길게 줄을 늘어섰고, 정부와 은행 관계자들은 급박하게 움직여야 했다. 게이츠는 록펠러에게 전화를 걸어, 국민들을 안심시킬 조치를 취해 줄 것을 요청했다. 록펠러는 깊이 생각한 끝에 언론사를 통해 "미국의 신용은 아직 건전하며, 필요한 경우 신용 유지를 위해 재산 절반을 내놓을 수 있다"고 발표했다. 록펠러는 평소 자신의 재산 규모를 드러내는 것을 굉장히 꺼렸으나, 국민들의 사기 진작을 위해 총대를 멨던 것이다. 그리고 실제로 내셔널시티 은행에 1000만 달러를 예치했다. 사업 초년병 시절 은행 대출을 받기 위해 고민해야 했던 록펠러는, 어느덧 국가 경제를 위하여 자신의 돈을 사용할 정도에 이르렀다. 이 사건을 계기로 국민들은 록펠러를 조금씩 인정하게 되었다.

과거의 남북 전쟁 때도 그랬지만, 1914년부터 4년간 계속된 제1차 세계 대전 때도 록펠러는 나라를 위해 헌신하여 국민들의 사랑을 받았다. 록펠러는 재단을 통해 연합군 후원에 무려 7000만 달러를 기부했고, 자신의 시골 별장에서 사람들이 마음껏 채소를 기를 수 있도록 허락했으며, 더 이상 사용하지 않게 된 맨해튼의 집은 부상자 치료를 위한 공간으로 활용하도록 했다. 굶주린 병사들에게 음식을 준 일에 벨기에의 왕이 감사를 표하기도 했다.

1929년 대공황 때는 마을을 돌아다니며 만나는 어른에게 10센트 동전을, 아이에게는 5센트 동전을 기념으로 나누어 주었다. 하루 일과를 시작하면서도 골프장 캐디와 집에서 일하는 이들에게 10센트 동전을 주었고, 골프 경기 중 좋은 스윙이 나오거나 재미있는 이야기를 한 사람에게도 동전을 나눠 주었다. 이는 그가 종종 했던 일이면서, 만나는 사람들과 쉽게 대화할 수 있는 수단이기도 했다. 록펠러는 동전을 그냥 나눠 주지 않고, '부자가 되고 싶으면 열심히 일하고 절약해야 한다', '주께서 함께하시기를' 등의 말을 꼭 곁들였다. 아이들에게는 동전 한 개를 1달러에 대한 1년 치 이자라고 설명했다. 이렇게 나눠 준 동전들을 다 합치면 2만 개에서 3만 개쯤 되었다. 이러한 일화들이 알려지면서 록펠러가 가는 곳마다 사람들은 동전을 받거나 그에게 일종의 '좋은 기운'을 받으려고 몰려다녔다. 이런 이들에게 그는 성경 말씀을 들려주기도 했다.

"나의 하나님이 그리스도 예수 안에서 영광 가운데 그 풍성한 대로 너희 모든 쓸 것을 채우시리라."(빌립보서 4장 19절)

대공황이 불러온 주식 폭락으로 기업과 재단 경영을 맡고 있던 록펠러 2세뿐 아니라 록펠러도 2000만 달러의 재산이 700만 달러까지 줄어들었지만, 그는 확신에 찬 목소리로 미국 경제는 반드시 회복될 것이라고 국민들을 안심시켰다. 그리고 주가가 폭락하면 주식을 사들이는 투자 방식에 따라 뉴저지 스탠더드사 주식을 100만 주나 사들였다.

유명세를 치르면서 '세계 최고의 부자' 록펠러에 관한 서적들이 쏟아져 나오기 시작했다. 처음에는 꺼렸던 그도 자서전과 회고록 집필을 허락했다. 록펠러는 사업가로 한창 활동하던 시절 적지 않은 오류가 있었던 아이다 M. 타벨의 잇따른 폭로성 기획 기사로 이미지에 큰 타격을 입었음에도 별다른 반응을 보이지 않았지만, 몇 년 후 《월즈 워크》에 매달 연재된 '사람들과 사건에 대한 두서없는 회상'에 이어, 1917년부터 매일 한 시간씩 「뉴욕 월드」지 윌리엄 잉그리스 편집장과 만나 인터뷰를 가졌고, 잉그리스는 7년 만인 1924년에 작업을 마쳤다. 록펠러는 인터뷰를 통해 스탠더드오일의 성공에 대해 회고하면서 "미국 기업 역사상 가장 놀라운 사건은 못 되어도, 가장 놀라운 사건 중 하나일 것"이라고 했다.

록펠러 센터 건립

록펠러 2세도 대공황 시절 국민들을 위해 팔을 걷었다. 일자리 창출을 위해 마찻길 80킬로미터를 포장했고, 적십자사를 비롯한 다른 구호 단체들에 많은 후원금을 전달했다. 그리고 이 부담스러운 시기에 대규모 상업용 건물을 지었다. 1930년부터 그는 극심한 신경 쇠약과 불면증, 대상 포진에 시달리면서도 뉴욕 맨해튼 한가운데에 세워질 초고층 복합 건물 건립을 진두지휘했다. 이를 통해 건축 노동자 7만 5000여 명에게 일자리를 제공했고, 뉴욕의 수도관을 무료로 깔아 주어 뉴욕 시민들이 수도 요금을 내지 않아도 되게 해 주었다.

조합원들은 어려운 시절에 일자리를 제공한 록펠러 2세에게 감사하는 마음을 가졌고, 이에 건축 기간 내내 크리스마스 때마다 트리를 세워 점등식을 갖곤 했다. 이 행사는 완공 후에도 이어져 지금도 해마다 '록펠러 센터 크리스마스트리 점등식'에는 많은 관광객들이 몰리고 있다.

록펠러 2세는 이곳 이름을 '록펠러 센터'로 결정하면서 미래 지향적 이미지를 주기 위해 '라디오 시티'라는 별칭도 만들어 냈다. 그는 프로젝트 운영자 존 토드에게 건축학적으로 뛰어나면서도 모든 건물이 조화를 이뤄야 한다고 강조했다. 유명 건축가들이 모두 달라붙은 록펠러 센터 프로젝트는 뮤직홀과 스튜디오, 사무실, 교회 등 다양한 공간이 들어서도록 설계됐는데, 중심이 되는 석조 건물 RCA 빌딩은 높이가 250미터, 70층에 달했다.

록펠러 센터는 오늘날에도 첨단 건축물로 여기는 '멀티플렉스'이며, 10년간의 공사 끝에 완공됐다. RCA 빌딩은 이보다 앞선 1933년 완공됐고, 록펠러 2세가 이 빌딩 56층으로 사무실을 옮긴 데 이어 스탠더드오일 계열사들도 속속 자리 잡았다. 20대가 된 '록펠러 3세' 넬슨은 부동산 자격증을 딴 후 세입자들을 빠르게 끌어모으는 수완을 발휘했고, 건물 완공 후엔 록펠러 센터 사장이 되었다.

록펠러 센터는 세계에서 가장 훌륭한 도심 아르데코 앙상블로, 미국에서 가장 사랑받는 공공 공간 가운데 하나가 되었다. 지금도 '뉴욕의 심장'으로 불리며 뉴욕의 대표적 관광 코스 중 하나로 자리 잡았다. 록펠러 재단은 훗날 유엔 본부 건물을 건축할 당시 록펠러 센터에 딸린 토지를 무상으로 제공했다. 록펠러 2세는 이외에도 자선 사업에 있어 교육과 의료 분야에만 주력한 아버지와 달리, 뉴욕 현대미술관MoMA을 설립한 것을 비롯해 박물관 건립에도 나섰다.

그러나 록펠러는 록펠러가(家) 사람들에게는 기념비라고 할 만한 록펠러 센터에 한 번도 들르지 않았다.

큰 별이 지다

나이를 더 먹은 록펠러의 얼굴에는 더 이상의 여한이 없어 보였다. 그의 초상화를 두 번이나 그린 화가 존 사전트는 "록펠러의 얼굴은 하나님께서 함께하시는 평화로운 모습"이라고 말했고, 록펠러는 「예수는 내가 빛이 되길 원하시네」라는 찬송가를 흥얼거렸다. 그는 매일 바이올린 연주자를 불러 함께 찬송가를 불렀다.

록펠러에게 마지막 남은 소원은 100세까지 살면서 골프를 칠 수 있는 건강을 유지하는 것이었다. 그래서 규칙적이고 절제하면서 얼마 남지 않은 기력을 낭비하지 않는 생활에 힘썼다. 동생 윌리엄을 비롯해, 게이츠와 아치볼드, 플래글러 등 그와 함께하던 동료들은 모두 록펠러보다 일찍 세상을 떠났다. 또 1920년에는 처제가, 1925년에는 여동생 메리 앤마저 떠나갔지만 그는 여전히 정정했다. 뿐만 아니라 막내딸 에디스를 먼저 떠나보내는 아픔도 겪었다. 록펠러는 90대가 되어서도 골프를 쳤는데, 1932년 독감을 앓은 뒤로 골프를 완전히 포기했다. 40킬로그램도 되지 않는 몸무게에 90대 노인이 된 이제는 간호사와 산소 호흡기가 종종 필요했지만, 2년 후 또다시 기관지염에 걸려 잠시 위태한 지경에 이르기도 했다.

록펠러는 인생을 회상하면서 무릎을 꿇고 이렇게 기도하기도 했다.

"하나님께서 저를 보시는 그 눈으로 제가 저를 바라볼 수 있게 하셔서 감사드립니다. 그동안 제 약한 부분을 감싸 주시고 건강을 돌봐 주신 것도 감사합니다. 저는 이제 제 마음에 숨은 사람들을 피하지 않고 다시 만나려 합니다. 그동안 지켜 주셔서 감사드립니다."

그 와중에도 1935년 7월 8일, 그는 96세 생일을 맞았고 보험 회사는 생명 보험에 들었던 그에게 500만 달러를 지급했다. 록펠러는 이를 '하나님의 황금'이라 불렀다.

"하나님께서는 제게 영원한 생명과 소망을 주셨고, 하늘의 기업을 경영할 씨앗을 내려 주셨습니다. 저는 한평생 그 귀한 생명의 말씀을 따랐고 성경을 읽었으며, 교회에서 찬송과 기도를 했습니다. 이제 저와 제 아들은 교육과 의료, 문화를 통해 세계만방에 하나님의 거룩한 뜻을 드러내려 하고 있습니다. 제 아들에게도 저에게 임했던 은혜를 똑같이 내려 주시기를 기도합니다."

만년에 록펠러는 아들을 위해 교회에 출석해서는 이렇게 기도했다. 교회에 갈 수 없을 정도로 힘들 때는 침대 옆에 라디오를 놓고 설교를 들었다. 그는 점차 죽음이 가까워졌음을 느끼면서, 사람들과 헤어질 때면 "잘 가시오. 천국에서 만납시다"라고 인사했다. '자동차왕' 헨리 포드는 그런 록펠러에게 "당신이 들어오면 만나게 되겠죠"라고 농담했다. 하지만 그는 죽음에 대해 명확하게 언급하지는 않았고, 육신은 점점 쇠약해져 갔지만 은퇴 후에도 계속 머리를 써서 그런지 정신은 더욱 또렷해졌다.

그렇게 100세를 향해 나아가던 1937년 5월 22일, 록펠러는 그날따라 몸이 불편한 듯 간호사에게 몸을 일으켜 달라고 자주 청했고, 자신이 오랜 기간 다녔던 유클리드 애버뉴 침례교회의 융자금을 모두 갚아 주었다. 전날 60킬로미터나 드라이브를 했기 때문이었다. 그리고 햇볕을 쬐면서 사람들과 즐겁게 농담을 나눴다. 그날 밤 잠자리에 든 록펠러는 심장 발작을 일으켰고, 주일인 다음 날 새벽 4시 5분쯤 혼수상태에 빠져 잠든 상태에서 숨을 거뒀다. 록펠러 2세가 소식을 듣고 달려왔을 때는 이미 심장이 멈춘 뒤였다. 록펠러는 잠들듯 그렇게 인생의 마지막을 맞이했다.

그의 저택 앞에는 군중들이 모여들기 시작했고, 교회지기는 첨탑의 종을 울렸다. 그의 장례식은 포캔티코 힐스에서 25일 가족과 친지들, 동료들이 참석한 가운데 치러졌다. 스탠더드 오일 회사 직원들은 5분간 묵념했다. 그는 27일, 어머니 엘리자와 아내 로라 사이에 누웠다.

록펠러는 86세 생일날 이 같은 시를 썼다.

나는 일찍이 즐기는 것만큼 열심히 일하는 것도 배웠네
내 인생은 길고 즐거운 휴가 같았지
일과 놀이로 가득 찬
나는 근심 걱정을 잊었고
그리고 하나님은 항상 나에게 자비로웠네

록펠러는 사업 당시의 스트레스에서 완전히 벗어난 상태에다 하나님을 향한 기대로 가득 차 있었다. 그는 이런 말도 했다.

"한 사람의 부는 그의 욕망, 지출, 수입의 상호 관계에 의해 결정되어야 한다. 단돈 10달러만 있어도 스스로 부자라고 느끼면서 원하는 것들을 모두 갖고 있다면, 그는 정말 부자이다."

많은 이들도 록펠러를 "오늘날 가장 더럽지 않은 세계적인 대부호", "위대한 업적을 이뤄 낸 사람"으로 평가하고 있다.

컬럼비아 대학 앨런 네빈스는 록펠러에 대해 다음과 같은 짧고 적절한 평가를 내렸다.

"천재적인 조직력에 목표를 이루고자 하는 끈기, 예지력, 과

단성 있는 성격으로 이 시대의 가장 위대한 인물 중 한 사람이 되었다."

록펠러의 후손들

록펠러는 다섯 명의 자녀와 열다섯 명의 손자, 열한 명의 증손자를 두었고, 2640만 달러의 재산을 남겼다. 록펠러 2세도 아버지처럼 아이들을 교회에서 자라게 했고, 아침 7시가 되면 집사가 성경이 차곡차곡 쌓인 쟁반을 들고 돌아다니며 아이들에게 나눠 주게 했다. 록펠러 2세가 한 구절을 읽으면 다른 이들이 함께 한 구절씩 읽어야 식사를 할 수 있었다. 또 아버지처럼 자녀들에게 일을 해야 용돈을 주었고, 여섯 명의 자녀에게 각기 다른 악기를 배우게 한 뒤 매주 함께 모여 찬송가를 연주하도록 했다. 아내 애비는 록펠러 2세가 아이들에게 성경 구절을 외우도록 시키면 그 구절을 카드로 만들어 나눠 주었고, 매주 용돈 기입장 검사날 전에 아이들의 장부 정리를 도왔다.

록펠러 2세는 석유 사업보다 자선 사업에 주력했다. 그는 아버지의 동역자 게이츠를 통해 과학적이고 물샐틈없는 자선 사업에 대한 강한 의지가 있었다. 록펠러 2세는 평생 아버지를 존경했는데, 그와 같은 이름이었던 아버지를 향해 "존 D. 록펠러라는 이름은 아버지 단 한 분뿐입니다"라며 이름에 '2세Junior'를 고수했다. 그도 아버지처럼 86세까지 장수하다 1960년 세상을 떠났다.

록펠러와 록펠러 2세의 자손들은 다양한 영역에서 활동했다. 록펠러 2세의 첫아들 존 D. 록펠러 3세(1906~1978)는 록펠러 재단 이사장을 역임하고, '인구 증가와 미국의 장래에 관한 위원회'의 장이 되어 인구 문제 전문가로 활동했다. 특히 아시아에 깊은 관심을 가져 아시아와 미국의 문화 교류를 위한 'JDR 3세 기금'을 설치했다. 둘째 아들 넬슨 R. 록펠러(1908~1979)는 대통령 보좌관을 지낸 뒤 뉴욕 주지사를 네 차례 역임하고, 부통령까지 올라 대통령을 꿈꾸기도 했다. 셋째 아들 로런스(1910~2004)는 항공업과 원자력 사업에 뛰어들었고 초기 환경 운동의 중심적 인물이 됐다. 넷째 아들 윈스럽(1912~1973)은 아칸소 주지사가 되었고, 막내아들 데이비드(1915~)는 체이스맨해튼 은행 경영자가 되는 등 저마다 활발하게 활동했다.

이들의 자녀들도 각자의 자리에서 '록펠러'의 이름으로 활동 중이다. 록펠러 3세의 아들 록펠러 4세는 웨스트버지니아 주 상원 의원으로 활동했으며, 그의 아들 5세는 사업가와 자선 활동을 하면서 한국을 방문하기도 했다.

1911년 스탠더드오일은 해체됐지만, 엑슨과 모빌, 아모코와 셰브런 등 자회사들은 성장을 거듭해 각각의 회사가 당시의 스탠더드오일 못지않게 커졌다. 록펠러가 설립한 록펠러 재단과 록펠러 대학, 시카고 대학도 지금까지 그 명성을 유지하고 있다.

록펠러 연보

1839년   존 데이비슨 록펠러, 7월 8일 뉴욕주 북부 리치퍼드에서 출생.

1849년   뉴욕 주 오위고로 이주.

1853년   클리블랜드로 이주.

1854년   이리 스트리트 침례 선교 교회 스케드 집사에게서 세례.

1855년   고등학교 졸업 후 9월 26일 휴잇앤드터틀사에 취직.

1858년   모리스 클라크와 독립해 '클라크앤드록펠러' 회사 설립.

1859년   동업자 조지 가드너 합류. 펜실베이니아 주 타이터스빌에서 유전 발견.

1861년   노예 해방으로 인한 남북 전쟁 발발(~1865).

1863년   석유 회사 '클라크앤드앤드루스' 설립.

1864년   로라 셀레스티아 스펠먼과 9월 8일 결혼.

1865년 클라크와 동업 관계 청산하고 '록펠러앤드앤드루스'사 설립.

1866년 큰딸 베시 록펠러 출생.

1867년 헨리 플래글러 합류해 '록펠러앤드앤드루스앤드플래글러'로 개칭.
두 번째 정유 회사 '스탠더드워크스' 설립.

1869년 둘째 딸 앨리스 록펠러 출생했지만 이듬해 사망.

1870년 기업 연합 시초인 '스탠더드오일'을 오하이오에 설립.

1871년 셋째 딸 앨타 록펠러 출생.

1872년 '클리블랜드 대학살' 실행, 피츠버그 플랜 구상.
막내 딸 에디스 록펠러 출생.

1874년 유일한 아들 존 데이비슨 록펠러 2세, 1월 29일 출생.

1878년 스탠더드오일, 미국 정유 90퍼센트 이상 생산.

1881년 미국 내 20대 갑부로 선정.

1882년 스탠더드오일 '트러스트' 세워지기 시작.
동생 윌리엄, 뉴욕 스탠더드오일 설립.

1884년 클리블랜드에서 뉴욕으로 이주.

1885년 100만 달러를 투자해 뉴욕 브로드웨이 26번가의 새 사옥 입주.

1886년 천연가스 트러스트 설립.

1887년 건강 나빠져 가족들과 3개월간 유럽 여행.

1888년 첫 해외 계열사 앵글로아메리카오일 설립, 전 세계 정유 시장 80퍼센트 점유.
뉴욕 상원 위원회 청문회 출석.

1889년 어머니 엘리자, 76세로 사망.
큰딸 베시, 찰스 오거스터스 스트롱과 결혼.

1890년 셔먼 반트러스트법 의회 통과.
시카고 대학교 설립 허가, 초대 총장에 윌리엄 하퍼 취임.

1891년 자선 사업 본격 시작, 책임자로 전직 목사 프레더릭 게이츠 영입.

1893년 허드슨 강 포캔티코 힐스 매입.
아들 록펠러 2세, 브라운 대학교 입학.

1897년 록펠러 2세 대학교 졸업, 스탠더드오일에서 일하기 시작.

1901년 록펠러 의학 연구소 설립.
록펠러 2세, 애비 올드리치와 결혼.

1903년 일반 교육 위원회 설립.
손녀 애비 뱁스 록펠러 출생.

1906년 아버지 윌리엄 록펠러 사망, 큰딸 베시 사망.
손자 록펠러 3세 출생.

1908년 회고록 『사람들과 사건에 대한 두서없는 회상』 출간.

1911년 미국 대법원, 스탠더드 트러스트 해체 판결

1913년 록펠러 재단 설립.
스탠더드 해체로 주가 폭등해 재산 급속히 증가.

1914년 러들로 학살 사건 발생.
제1차 세계 대전 발발, 수백만 달러 기부.

1915년 아내 로라 스펠먼 록펠러, 75세로 사망.

1917년 록펠러 2세에게 재산 물려주기 시작.

1918년 아내를 기념해 로라 스펠먼 기념사업회 설립.

1919년 금주법 발효.

1921년 재산 양도 완료.

1929년 대공황 시작, 주식 하락으로 재산 절반으로 줄어듦.
록펠러 2세 부인이 공동 설립한 뉴욕 현대미술관 개관.

1930년 뉴욕 리버사이드 교회 설립.

1931년 록펠러 센터 착공(공사 기간 10년).

1933년 중심 건물인 70층 규모 RCA 완공, 록펠러 2세의 사무실 56층에 입주.

1934년 로라 스펠먼 기념사업회와 일반 교육 위원회, 록펠러 재단에 흡수.

1937년 록펠러, 97세를 일기로 5월 23일 사망.